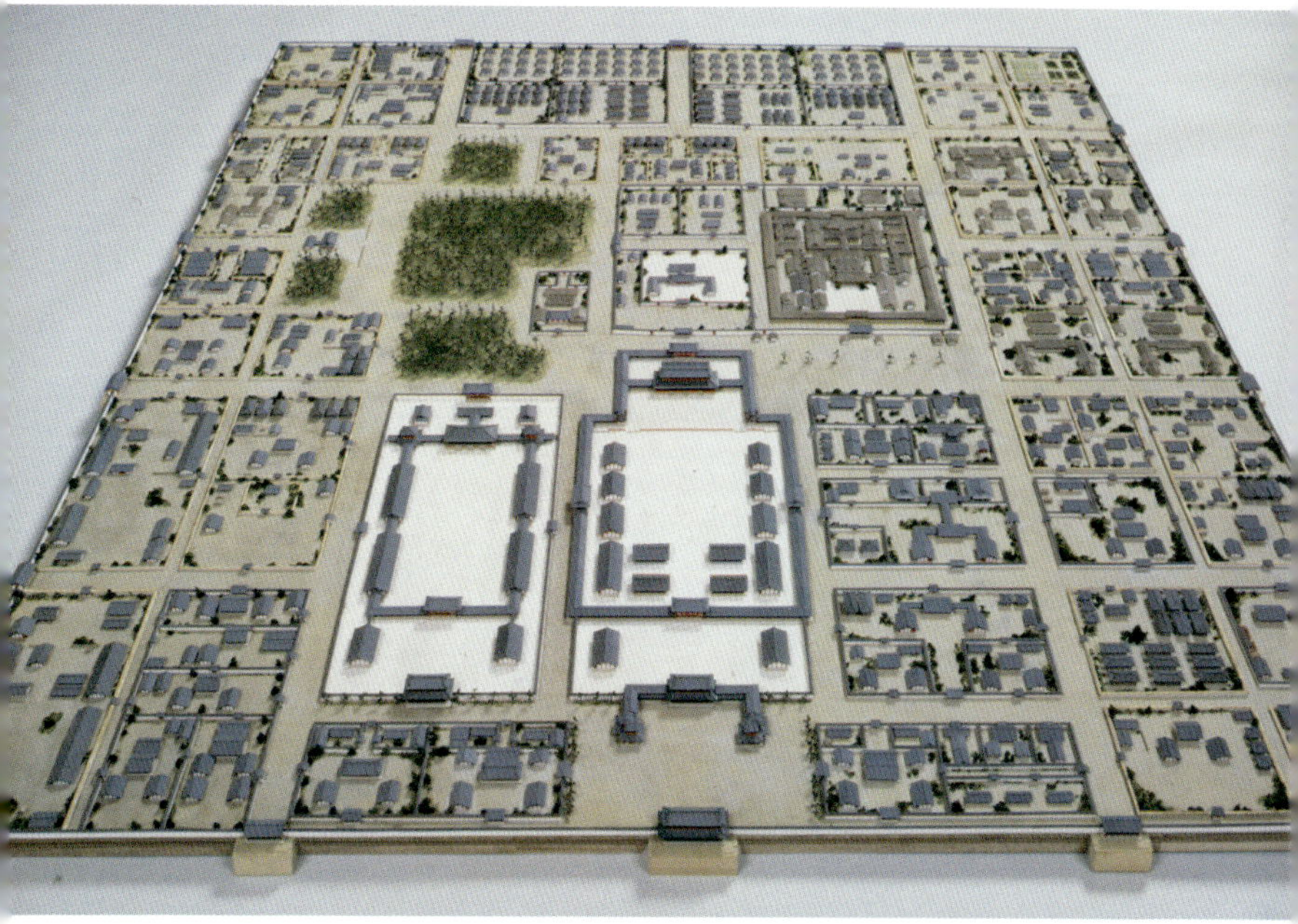

平安京大内裏模型

平安京の中央北端が大内裏（平安宮）である．内裏・朝堂院・豊楽院などの役所（官衙）群がある平安京の中枢区域．朝堂院は大極殿を正殿とする建物群で，天皇の即位礼や外国使節の謁見などに使われる場所．朝堂院の正門が，栖鳳楼，翔鸞楼の左右の楼閣をもつ応天門である．

ほとくをれまつりなをくやも合つの㫰い
わくそきたくてやあくすすかきすく

保寺や乾須方気都支後長乎麻都弖気
余比毛弃伎佐久奈等奈弖伎
ほとつきわれがみ伎あまわきより
むをまをあをにわし之あつ伎つれ

奉護方二百斗経等

左五前廿日大伴多持像奥伴之

比左多多紐鏡麻紐刀此良伎多ウ知保乃多気余
阿毛理之湏貴伎伎故ソ東絃渐代欲利伎
自由万千多公氣利母之麻ウ期也牛々多気
度衆羲伎之能保久半麻須艮良都牟伎
吉余之也世伎伎利能伎色山河氏俾波佐
久義三奈嵜水保利久乎麻許之都々知呀夜
久波非手許乎鏡乎麻都者伎奴寺母
衣波之波老故菜都万信麻都里之妄去礼

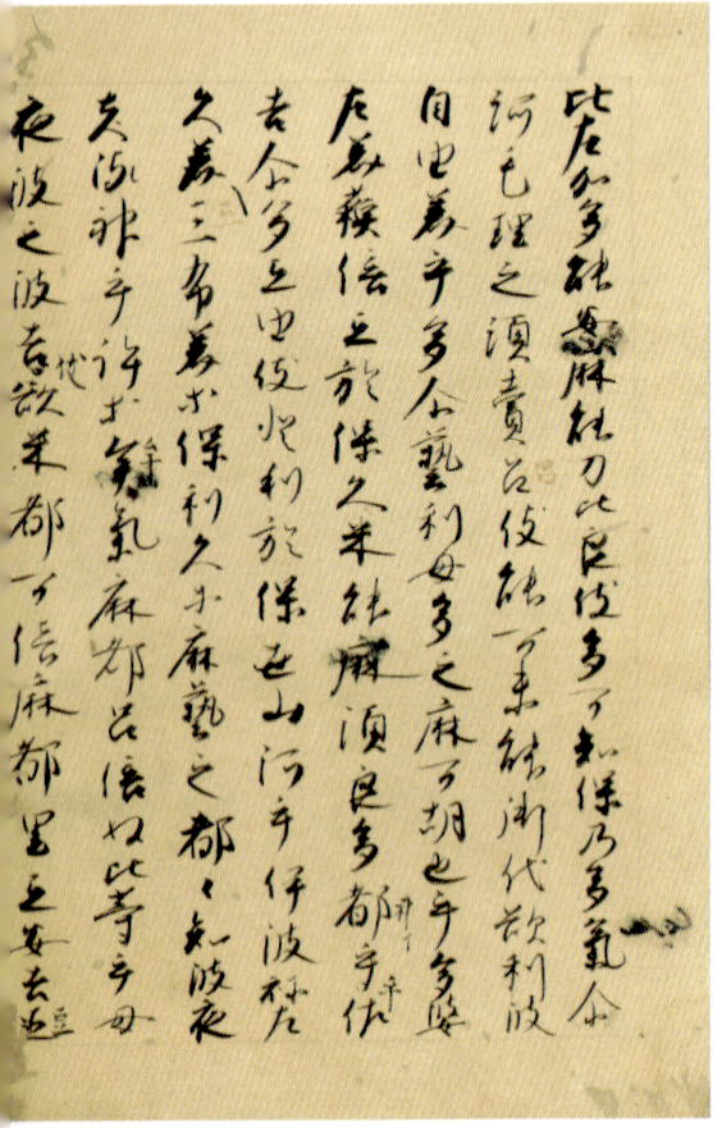

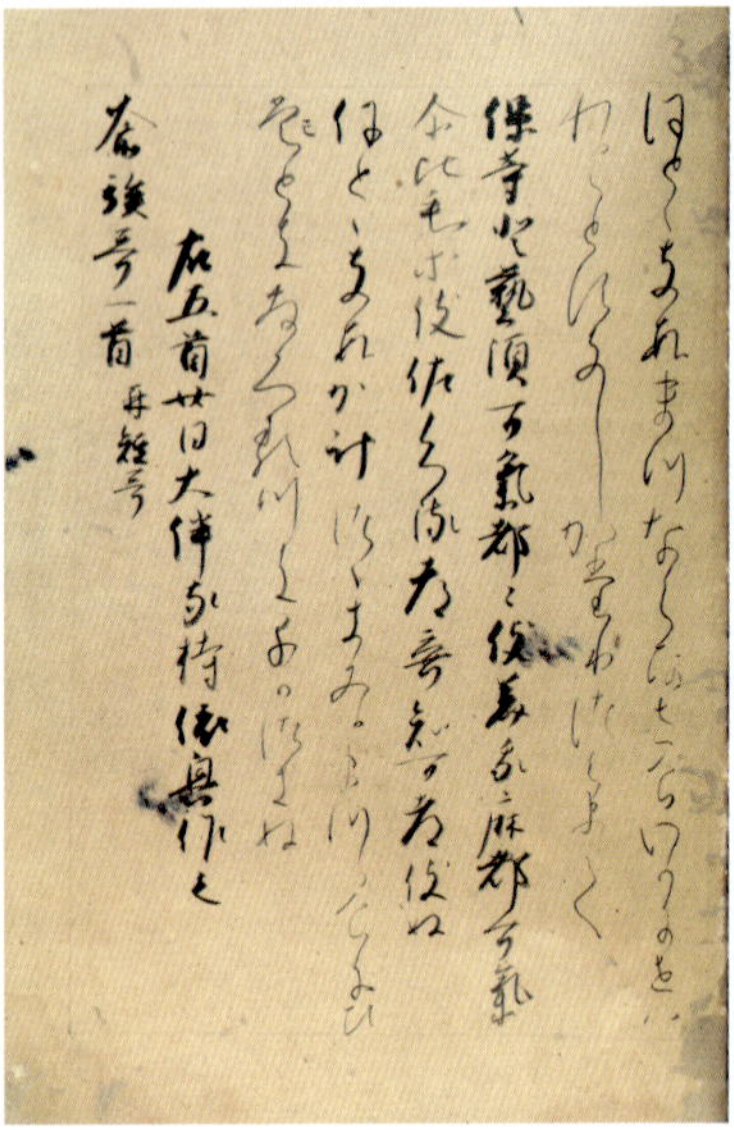

『伴大納言絵巻』「応天門の炎上」

「伴大納言絵巻」は，常磐光長，12世紀後半の作かと推定されている．貞観8年(866)におきた「応天門の変」に主題をもとめた作品で三巻からなる．

『元暦校本万葉集』「族《やから》に喩《さと》す歌」

天平勝宝8年(756)，一族の大伴古慈悲は，朝廷を誹謗したとの淡海三船の讒言で拘禁される．大伴家持は，一族の人々に大伴氏の矜持と行動の自重を強く呼びかけている．

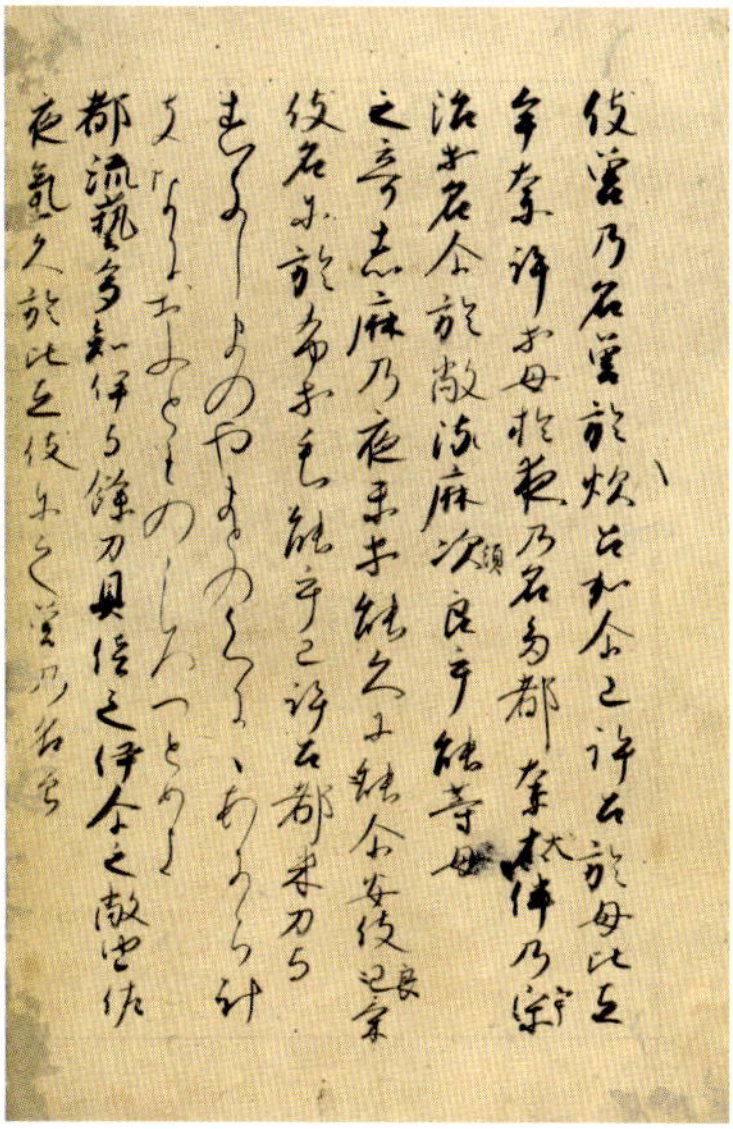

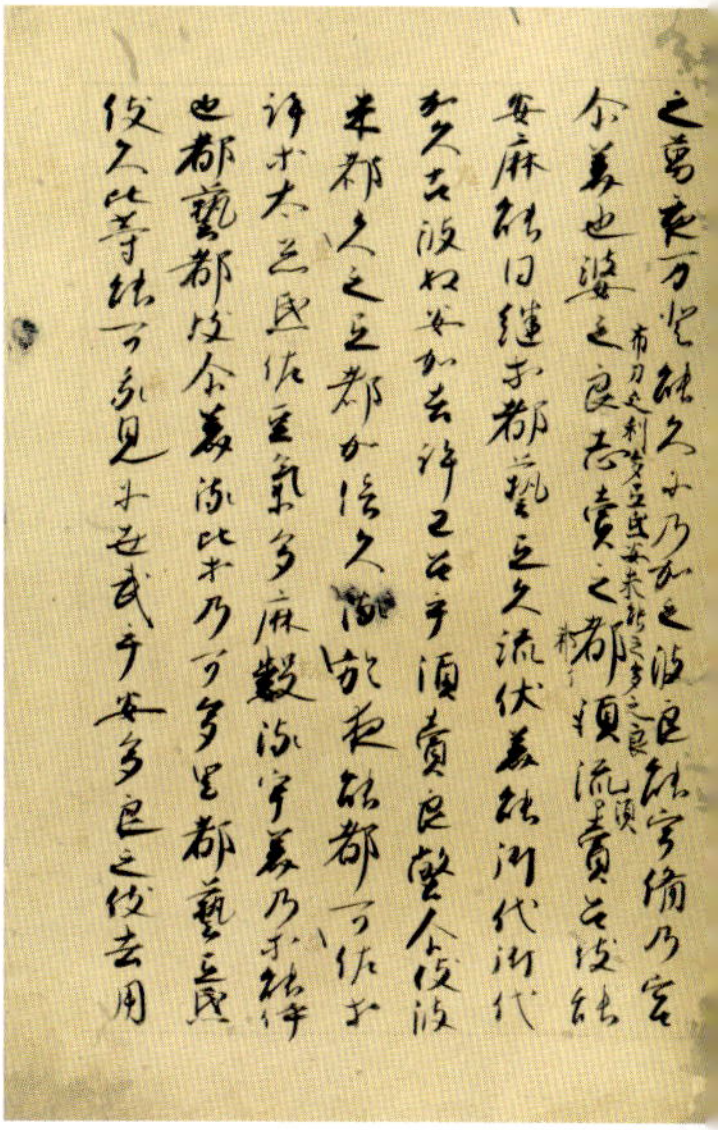

馬《ま》越《ごし》長《なが》火《ひ》塚《つか》古墳

6 世紀後葉，県下最大の長さの石室（17 メートル）をもち，全長 70 メートルを誇る前方後円墳である．その大きさ，副葬品の豪華さから，穂の国の国造級の首長墓といえる．

鉄地金銅棘《きょく》葉《よう》形《がた》杏《ぎょう》葉《よう》

同古墳出土の金銅製の馬具の一つ．鉄の地板に金銅板で装飾したもので，国の重要美術品に指定されている．出土が目を見張る．

敗者の日本史 4

古代日本の勝者と敗者

荒木敏夫

吉川弘文館

目次

図版目次

〔口絵〕

〔挿図〕

古代「氏族」、大伴氏　プロローグ

大伴家持自署

「敗者の日本史」シリーズ四『古代日本の勝者と敗者』は、古代氏族を検討の対象にすえている。

「氏族」研究の前提

氏族の在り様の変化は、社会の変化と連動し、社会の変動は、国家の成立を射程に含むことから、戦後のまもない日本古代史研究の世界では、戸籍・計帳その他の関係史料を使った家族研究と並んで氏族研究は盛んな研究領域であった。その活況は、研究史を少し意識的に読んでいくと、自ずと了解できるものと思える。

戦後の古代の氏族研究が、その出発に当たって共通の理解にしていた点がある。それは、戦前においてすでに確認済みのことであったが、『古事記』や『日本書紀』その他の古代史資料にみえる日本の「氏族」は、人類学などが使用する「氏族（clan）」とは異なるもので、本来の氏族が二次的・政治的に編成されたものであるとする理解である。

したがって、古代の史資料から探れる氏族は、本来の氏族が二次的に、換言すると、政治的に編成された集団ということになる。

この点の自覚的研究の進展は、人類学からの氏族研究とは異なる、歴史学の「氏族」研究という独特の研究領域を生むことになる。

本書で扱う氏族は、日本古代の「氏族」のうち、「敗者」の「氏族」にあげられることの多い大伴氏である。

大伴氏とは

そこで、机上版の日本史辞典として、定評のある角川書店の『角川第二版 日本史辞典』（角川書店、一九九七年）と岩波書店の『岩波日本史辞典』（岩波書店、一九九九年）が、大伴氏について、どのような説明を施しているかをみておこう。

大伴氏【おおともし】 古代の中央豪族。天皇家に匹敵する畿内の大豪族であったが、大和朝廷の成立発展期に来目部《くめべ》・靫負部《ゆげいべ》・佐伯部《さえきべ》などの兵を率いて朝廷に仕え、物部氏《もののべし》とともに大連《おおむらじ》となり、大和朝廷の軍事力をになう有力な氏であった。その後、一時衰えたが、壬申の乱の時大海人皇子《おおあまのみこ》側について再興、安麻呂《やすまろ》・旅人《たびと》らが活躍したが、家持《やかもち》に至って新興藤原氏の勢力に押されて衰退に向かい、八二三年（弘仁一四）淳和天皇の名大伴をさけて伴《とも》と改姓。応天門の変で善男《よしお》が配流されて以後まったく衰えた（『角川第二版 日本史辞典』）。

大伴氏【おおともし】 古代の雄族。姓《かばね》は連、後に宿禰《すくね》。大王直属の軍事的伴 造《とものみやつこ》。来目部（久米部）や靫部《ゆきべ》、門号氏族を率いて宮城門を警備し、大王に近侍した。全盛期は室屋《むろや》・金村《かなむら》が大連の地位にあった五世紀後半～六世紀前半。金村の失脚後も大夫《まえつきみ》を輩出し、蘇我氏と結んで勢力の維持に努め、六四九（大化五）には長徳《ながとこ》が右大臣に就任。壬申の乱では馬来田《まくた》・吹負《ふけい》が戦功を挙げたが、八、九世紀には藤原氏におされて不振に陥り、八六六（貞観八）の応天門の変以後は、政界から姿を消した。八二三（弘仁一四）、淳和天皇の諱大伴を避け氏名《うじな》を伴と改めた（『岩波日本史辞典』）。

二つの辞典は、大伴氏が大王に近侍し、その軍事力を担う有力氏族であったことを共通して指摘している。両書が刊行されてから久しいが、この点に大きな変更をせまる史実の発見があるわけではない。

したがって、本書は、これまで指摘されてきた点を継承するところが多いが、二つの辞典の説明が字数の制約から書き及ぼすことのできなかった点にも目を配り、「敗者の日本史」のシリーズが意図したものを、藤原氏との政治抗争に負け続け、遂には歴史の表舞台から去って行った「敗者」の氏族としてみられることの多い大伴氏を対象として、古代「氏族」の時代的変貌に目をすえ、考えてみるものである。

大伴氏という「氏族」

大伴氏は、藤原氏と並んで、比較される氏族である。竹内理三氏が、論文「八世紀に於ける大伴的と藤原的—大土地所有の進展をめぐって—」を書かれ、その後、氏の著書『律令制と貴族政権』（第Ⅰ部　貴族政権成立の諸前提）に収録される頃には「大伴的」と「藤原的」という区分は、氏族の類型化として最も広く知られたものの一つとなっていた。

その後、それは律令制―国家システムに見事に順応し、常に支配体制の中心にいる藤原氏に対し、氏族制的体質を脱却できずに時代の変化への順応に遅れをとる大伴氏という図式的理解を導き出している。

こうした理解は、決して誤りではないが、大伴氏という「氏族」を捉える視野の狭さからくる一面的な特徴の指摘となっていることに気づく人は少ない。

日本古代の「氏族」が、二次的・政治的に編成されたものであるという特質をもつ点に改めて着目すれば、大伴氏という「氏族」の評価は、少なくとも、大伴氏―大伴（部）直《あたいし》氏―大伴部の時代的対応を踏まえたものであることが望ましいはずである。

そのことの実現は、困難を伴うが、本書では、大伴氏という「氏族」が、五世紀から九世紀にかけての時代の推移にどのように対応したかを、変貌を遂げながらも氏族としてのまとまりを存続させてきた特質と関連させてみてみたい。

大伴氏は、その対応の所産として、巨大な氏族的結合を生み出し、中央の大伴「連」氏（後には大伴「宿禰」氏）と擬制的血縁関係によってつながる地方の大伴部と、それを管掌する大伴「直」氏または大伴部「直」氏をも含む巨大な氏族でもある時代を体験した氏族であった。こうした歴史的な体験は、大伴氏だけに限られたものでないが、すべての古代氏族が体験したわけではない。それは、古代王権を支える中核的な、それも限られた氏族が体験したものであった。

本書では、この点に特別の留意を払い、古代三河の東部にあたる「穂《ほ》」の地域に展開した「三河大伴直」と「(三河)大伴部」の歴史的動向もあわせてたどることで、これまで、中央の大伴連氏—大伴宿禰—伴氏への展開の歴史を記述することで語られてきた大伴氏の歴史の欠を補いたい。

なお、本書では、本文の記述に際して「姓」を省略することが多い。また、令制前の記述において、慣用的に使用している「天皇」などの時代的歴史用語は、そのまま用いている。

I

令制以前の大伴氏

1──飛鳥寺の「営」と大伴吹負（甘樫丘から飛鳥寺風景）
大海人皇子が決起すると，雌伏していた大伴氏が，一族を挙げて大海人皇子に加勢する．「倭京将軍」大伴吹負は，兄の馬来田と行動を別にし，一度は「倭家」に退去するが，機をみて，飛鳥寺の軍営を襲っている．

1 近侍する武官――五世紀の大伴氏

天孫降臨と大伴氏

大伴氏は、天忍日命《あめのおしひのみこと》を「遠祖《とおつおや》」と伝える氏族である。「大伴氏之遠祖」である天忍日命は、『古事記』『日本書紀』（以下、それぞれを「記」「紀」と略記し、両書をあわせて記す場合、「記紀」と表記することがある）の「神代《じんだい》」に属する部分に登場する。

大伴氏は、その祖先伝承においても、また、その実態においても、王に近侍する氏族としての性格を色濃くもつ氏族であり、そうであることに氏族としての存在意義を感じていたと考えられる氏族である。

その近侍の姿をみるのに最もふさわしいのは、天孫の瓊《に》瓊杵尊《にぎのみこと》が、葦原《あしはら》の中《なか》つ国《くに》を治めるために天降った「天孫降臨」の「神話」であろう。そこでまず、二つの「神話」をみてみよう。

一書に曰く、高皇産霊尊《たかみむすびのみこと》、真床覆衾《まとこおうふすま》を以て、天津《あまつ》彦国光彦火瓊《ひこくにてるひこほのに》瓊杵尊《にぎのみこと》に裹《き》せて、則ち天磐戸を引き開け、天八重雲を排《おし》分けて、降《あまくだ》し奉《まつ》る。時に、大伴連が遠祖天忍日命、来目部が遠祖天槵津大《あめくしつのおお》来目《くめ》を帥《ひき》いて、背《そびら》には天磐靫《あまのいわゆき》を負い、臂《ただむき》には稜威《いつ》の高鞆《たかとも》を著《は》き、手には天梔弓《あまのはじゆみ》・天羽羽《あまのはは》矢《や》を捉《と》り、八目鳴鏑《やつめのかぶら》を副持《とりそ》へ、又頭槌剣《かぶつちのつるぎ》を帯《は》きて、天孫《あめみま》の前に立ちて、遊《ゆ》行き降《くだ》来りて、日向《ひむか》の襲《そ》の高千穂の槵日《くしひ》の二上峯《ふたがみのたけ》の天浮橋《あまのうきはし》に到りて、浮渚在之平地《うきじまりたひら》に立たして、膂宍《そしし》の空国《むなくに》を頓丘《ひたお》より国覓《ま》ぎ行《と》去《お》りて、吾田《あた》の長屋の笠狭之御碕《かささのみさき》に到る。時に彼の処《ところ》に一《ひとり》の神有り。名を事勝国勝長狭《ことかつくにかつながさ》と曰う。故、天孫其の神に問いて曰く、国在りや、とのたまふ。対《こた》へて曰《もう》さく、在り、とまうす。因りて曰さく、勅の随《まにま》に奉らん。故、天孫彼の処に留住《とどま》りたまふ。其の事勝国勝神《ことかつくにかつかみ》は、是伊奘諾尊《いざなきのみこと》の子《みこ》なり。亦の名は塩土老翁《しほつつのおじ》（『日本書紀』「神代紀第九段」第四の「一書」）。

（前略）時に天照大神《あまてらすおおみかみ》、勅して曰《のたま》はく、若し然らば、方当《まさ》に吾が児《みこ》を降《あまくだ》しまつらむ、とのたまふ。且将《まさに》降《あまくだ》しまさむとする間《ころ》に、皇孫《すめみま》已に生《あ》れたまひぬ。号《みな》を天津《あまつ》彦彦火瓊《ひこひこほのに》瓊杵尊《にぎのみこと》と曰《もう》す。時に奏《もう》すこと有りて曰はく、此の皇孫を以ちて代えて降《くだ》さむと欲《おも》ふ。故、天照大神、乃ち天津彦彦火瓊瓊杵尊に八《や》坂瓊曲玉《さかにのまがたま》及び八咫鏡《やたのかがみ》・草薙剣《くさなぎのつるぎ》、三種の宝物を賜ふ。又、中臣《なかとみ》が上祖《とおつおや》、天児屋命《あめのこやねのみこと》、忌部《いみべ》が上祖、太玉命《ふとたまのみこと》、猨女《さるめ》が上祖、天鈿女命《あまのうずめのみこと》、鏡作《かかみつくり》が上祖、石凝姥命《いしこりどめのみこと》、玉作《たますり》が上祖、玉屋命《たまのやのみこと》、凡《すべ》て五部《いつとものお》の神を以ちて配《そ》えて侍《はべら》しむ。因りて皇孫《すめみま》に勅して曰はく、葦原千《ち》五《い》百《ほ》秋之《あきの》瑞穂国《みずほのくに》は、是、吾が子孫の王たるべき地なり。宜しく爾皇孫《いましすめみま》、就《い》でまして治《しら》せ。行矣《さきくませ》。宝祚《あまのひつぎ》の隆《さか》えまさむこと当《まさ》に天壌《あめつち》と窮《きわまり》無けむ（『日本書紀』「神代紀第九段」第一の「一書」）。

前者の史料である「神代紀第九段」第四の「一書」は、大伴氏との関係が深い「一書」とされている。天孫の瓊瓊杵尊の先導者として、武具で身を固めた大伴氏と「来目部」氏の祖にあたる天忍日命、天櫲津大来目の二人が登場している。

後者の史料である「神代紀第九段」第一の「一書」は、天孫の瓊瓊杵尊とともに天降ったのは、天児屋命、太玉命、天鈿女命、石凝姥命、玉屋命等の「五部の神」であり、天孫に近侍して仕えた中臣氏、忌部氏、猨女氏、鏡作氏、玉作氏らの祖の姿が記されている。

二つを比較して明瞭になるのは、次のことである。

前者の「神代紀第九段」第四の「一書」には、後者の「神代紀第九段」第一の「一書」に記されていた天児屋命、太玉命、天鈿女命、石凝姥命、玉屋命等の「五部の神」の姿がみえない。

同様に、後者の第一の「一書」には、前者の第四の「一書」で武官の先導者としてみえている天忍日命、天櫲津大来目の姿が全くみえない。

このように、「天孫降臨」についても『日本書紀』は、本文を記すだけでなく、異伝を「一書」として収めており、こうした相違があって当然の立場をとっており、どれが正しく、どれが誤りとの選別を行っていない。

したがって、「神代紀第九段」の第四の「一書」が、天孫の瓊瓊杵尊の天降りの先導者の一人として天忍日命を記しているので、大伴氏が古くから王に近侍して仕えていたことを主張できることになる。

同様に、第一の「一書」が、天孫の瓊瓊杵尊とともに天降った「五部の神」の名を記しているので、中臣氏、忌部氏、猨女氏、鏡作氏、玉作氏らも、古くから王に近侍して仕えていたことを主張できる。

また、第四の「一書」は、「大伴連が遠祖天忍日命、来目部が遠祖天槵津大来目を帥いて」とあり、大伴氏が来目部を率いる上下関係で記されているが、『古事記』の記載は、次のようになっている。

故爾《しか》して、天忍日命、天津久米命ノ二人、天之石靫を取り負ひ、頭椎之大刀を取り佩き、天之波士弓を取り持ち、天之真鹿児矢を手挟み、御前に立ちて仕へ奉りき。故、其ノ天忍日命此者大伴連等之祖ソ、天津久米命此者久米直等之祖ソ。

すなわち、『古事記』の一文では、天孫降臨に際して、その先導者は、天忍日命、天津久米命であるが、この二人が主語となっている一文であることから、両者は対等・同輩の関係とみなされる。これは、歴史的には、対等・同輩であったものが、ある頃より来目(久米)氏が大伴氏によって領導される上下の関係に変わったものと理解されている。

以上、述べてきたように、細部にわたると、多くの相違があることがわかる。それでも、天孫降臨の記述は、共通して、天孫の瓊瓊杵尊に近侍、奉事(仕)する武官として描かれており、それは、大王に近侍して奉事(仕)していた大伴氏の歴史的な性格を直截に示すものである。こうした性格は、その後の伝承上の大伴氏の「遠祖」も引き継いでいる。

すなわち、神武東征の際、「大伴氏之遠祖」の「日臣」は、大和へ入る道を先導し、八十梟帥《やそたける》を討つなどの大功があったことから、「道臣」の名を賜ったことを伝えている。また、垂仁《すいにん》朝には、「大伴

2——大伴氏系図（天忍日命〜長徳・馬来田・吹負）

天忍日命——天津彦日中咋命——日臣命——味日命——雅日臣命——大日命——角日命——豊日命——

大伴武日——武以——室屋——談——金村—┬—磐
　　　　　　　　　　　　　　　　　　├—狭手彦
　　　　　　　　　　　　　　　　　　├—糠手（子）——小手子
　　　　　　　　　　　　　　　　　　└—阿彼布古——咋（囓）—┬—長徳
　　　　　　　　　　　　　　　　　　　　　　　　　　　　　├—馬来田
　　　　　　　　　　　　　　　　　　　　　　　　　　　　　└—吹負

連遠祖（大伴）武日《たけひ》」が、阿倍臣、和珥《わに》臣、中臣連、物部連らの「遠祖」と並んで五大夫の一人として仕え、さらに、日本武尊《やまとたけるのみこと》の東征に従ったことを伝えている。その後、仲哀《ちゅうあい》朝には、「大伴連武以《たけい》」が、中臣連烏賊津《いかつ》、大三輪君大友主《おおみわのきみおおともぬし》、物部連胆咋《いくい》と並んで四大夫の一人であったことを伝えている。これらは、いずれも大伴氏の伝承上の人々である。それらに共通しているのは、大王に近侍していることであり、大伴氏の氏族的な特徴は、この点にある。このことを踏まえて、以下、主として『日本書紀』によりながら、大伴氏の人々の歴史を確かめてみたい。

大伴室屋

大伴室屋《むろや》は、『日本書紀』允恭《いんぎょう》天皇十一年（四一二）三月四日条に、「大伴室屋連」とみえ、これが初見記事である。以後、雄略《ゆうりやく》即位前紀に、平群真《へぐりのま》鳥《とり》を大臣に、大伴室屋と物部目を「大連」としたとの記事がみえ、雄略朝に大伴室屋が、「連」から「大連」となったことを記している。大王に近侍して奉事（仕）していた大伴氏の歴史的な性格は、大伴室屋やその息子の大伴談《かたり》の代にかかわる伝承においても大きな変化はない。大伴氏が、大王宮の宮門の守備にあたり、それを累代にわたって職務とする「名負《なおい》」の氏族であることを伝える史料は少なくない。

『新撰姓氏録《しんせんしょうじろく》』左京神別の「大伴宿禰」の載せる伝承は、その一つである。

大伴宿禰は、高皇産霊尊《たかみむすびのみこと》の五世の孫。天押日命《あまのおしひのみこと》の後《すえ》なり。初め天孫彦火瓊々杵尊の神駕之降《あまくだり》まししときに、天押日命、大来目部《おおくめら》、御前に立ちて、日向の高千穂の峯に降りましき。然して後、大来目部を以て、天靫部《あめのゆげいのとものおな》と為しき。靫負の号、此より起れり。雄略天皇の御世に、入部《いるべ》靫負を以て、大連公に賜ひしに、奏曰《もう》さく、門を衛りて開き闔《と》づる務は、職として已に重し。若し一身《ひとりみ》なりせば堪へ難からむ。望むらくは愚児《あがこ》の語（談）と相伴《とも》に左右を衛り奉らむ。勅して奏すが依《まま》にせしめたまひき。是れ大伴、佐伯の二氏、左右の開き闔づることを掌る縁《もと》なり（『新撰姓氏録』左京神別）。

同趣の伝承は、『令集解』職員令左衛士府条にも、「今、散位従五位下大伴宿禰真木麻呂《まきまろ》、右兵庫頭《うひょうごのかみ》従五位下佐伯宿禰金山等の解《げ》を得るに偁《いわ》く、己れ等の祖、室屋大連公、靫負三千人を領して左右に分衛す。是を以て、衛門の開闔、葉を奕《かさ》ね相い承く」と載せるもので、「衛門開闔」が、大伴氏（と佐伯氏）の累代にわたる職掌であったことを記している。

二つの伝承は、大伴室屋とその息子の談（一説に弟、語とも記す――以下略す）が活躍したと伝える雄略朝に一つの画期を置いている。こうした伝承に呼応するように、『日本書紀』の雄略紀の記す「大連」室屋は、王権を支える基幹氏族からえり抜かれた一人として活躍していることを示している。また、『日本書紀』は、大伴室屋らが「民部《かきべ》広く大きにして、国に充盈《みて》り」（雄略天皇二十三年〈五二九〉八月七日条）といった状態であり、王権を支える基幹氏族らも莫大な私有の民である〈カキベ〉をもっていることを記している。

これは、允恭天皇十一年に衣通郎姫《そとおしのいらつめ》のために藤原部を定め（允恭天皇十一年三月四日条）、雄略天皇七年には、東漢直掬《やまとのあやのあたいつか》に命じて「新漢陶部高貴《いまきのあやのすえつくりこうき》・鞍部堅貴《くらつくりけんき》・画部因斯羅我《えかきいんしらが》・錦部定安那錦《にしごりじょうあんなこん》・訳語《おさ》卯安那《しうあんな》等を上桃原・下桃原・真神原の三所に遷居《うつ》す」（雄略天皇七年是歳条）とした記事に通じるものである。

すなわち、王権を支える基礎であるトモ―べ制（伴造―部民制）の広がりが、大伴氏が各地に大伴部を設置したように、王権を支える基幹氏族もまた自らの〈カキベ〉を各地に設け、その力を増大させていったのである。

大伴談

室屋の子の大伴談は、『日本書紀』雄略天皇九年（四六五）三月条に初見する。それによれば、雄略天皇の命をうけ、紀小弓宿禰《きのおゆみのすくね》、蘇我韓子宿禰《そがのからこのすくね》、小鹿火宿禰《おかひのすくね》らとともに、新羅追討の将に任じられて出征している。談は小弓とともに敗走する新羅王を追撃し、奮闘したが、その夜に戦死している。紀が伝える大伴談の姿は、王の命を受ければ、それを忠実に果す武官であることを示している。談の従者である（大伴）津麻呂《つまろ》が、談の殺されたことを聞き、「吾が主、大伴公（談）」のいないのに生きていても無意味であると、再び敵陣に斬り込み、死んでいった一途さも、主人の大伴談と通じるものがある。

3―天皇系図（応神～欽明天皇）

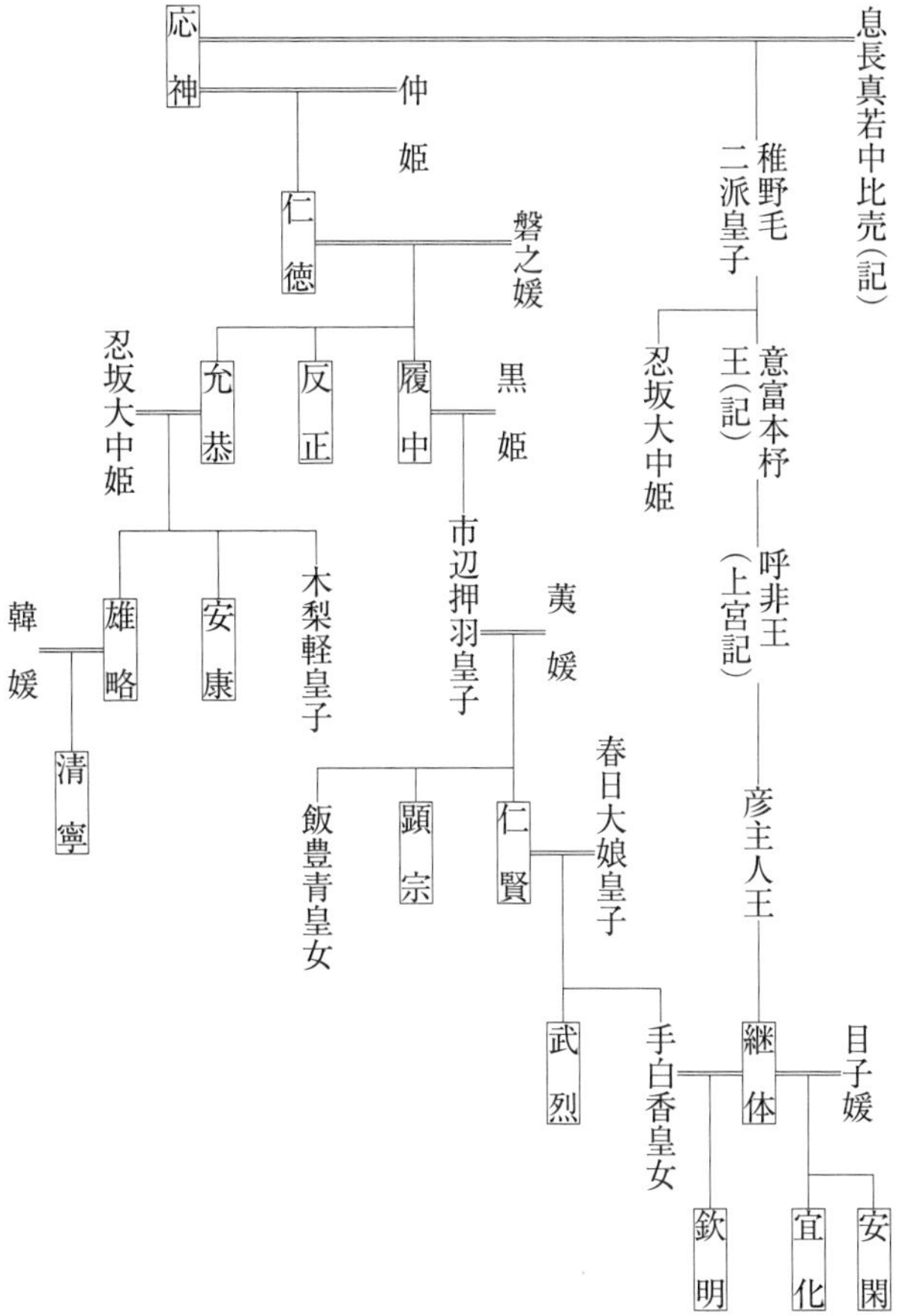

談の同僚であった紀小弓は、新羅の戦場で病死するが、『日本書紀』は、その遺体の埋葬場所をめぐって、いまひとつのエピソードを記述している。紀小弓の遺体は、倭国に運び込まれたが、妻の吉《き》備上道釆女大海《びのかみつみちのうねめおおしあま》は、埋葬にふさわしい場所が思いつかなかった。そこで、談の父である大伴室屋大連に相談し、室屋はそのことを天皇に上奏してみると、天皇から次のような詔が出されている。

天皇、大連に勅して曰く、（中略）又汝《いまし》大伴卿と紀卿等と、同じ国近き隣の人にして、由来《ありく》ること尚《ひさ》し。是に、大連、勅を奉《うけたまわ》りて、土師連小鳥《はじのむらじおとり》をして、冢墓《はか》を田身《たむ》輪邑《わのむら》に作りて、葬《かく》しむ（『日本書紀』雄略天皇九年五月条）。

すなわち、天皇が室屋に、大伴室屋と紀小弓が同じ国の近隣同士で過ごしてきた歴史も長いことを述べたので、墓を田身輪邑に造ったことになっている。史料が記す「田身輪邑」は、大阪府泉南郡岬町淡輪《たんのわ》にあたると考えられている。この地には、垂仁天皇の皇子「五十《い》瓊《に》敷入彦命《しきいりひこのみこと》」の墓と伝える「宇度墓《うどのはか》」（淡輪ニサンザイ古墳―全長一七〇メートル、後円部の直径一一〇メートルの前方後円墳）や西《にしの》陵《みささぎ》古墳（国史跡、墳丘長二一〇メートルの前方後円墳）やその他の古墳を含む淡輪古墳群がある。その築造時期については、「宇度墓」（淡輪ニサンザイ古墳）が五世紀後半で、西陵古墳につづいて造られたと考えられている。なお、『延喜式』には「宇度墓」は和泉国日根郡にあると記されており、墓域は「東西三町、南北三町」、管理をする「守戸」は「三烟」であった。

淡輪古墳群の二つの主要古墳は、前記の『日本書紀』の記述とあわせて考えれば、いずれかが「紀小弓」の墳墓となる可能性もある。また、その可能性が高まれば、紀氏との地縁的結合が濃密であったことを記す伝承の信憑性も増し、大阪府泉南郡岬町淡輪の近在に大伴氏の主要拠点の一つを想定することができるであろう。

大王への近侍、奉事（仕）は、大伴氏の特徴を示すものであるが、それを雄略朝の頃と時代を限定して、具体的に考える時、埼玉県の稲荷山古墳出土の鉄剣に刻された銘文が参考になる。

稲荷山古墳出土の鉄剣銘文

（表）辛亥年七月中記、乎獲居臣、上祖名意富比垝、其児多加利足尼、其児名弖已加利獲居、其児名多加披次獲居、其児名多沙鬼獲居、其児名半弖比

辛亥の年七月中、記す。ヲワケの臣。上祖、名はオホヒコ。其の児、（名は）タカリのスクネ。其の児、名はテヨカリワケ。其の児、名はタカヒ（ハ）シワケ。其の児、名はタサキワケ。其の児、名はハテヒ。

（裏）其児名加差披余、其児名乎獲居臣、世々為杖刀人首、奉事来至今、獲加多支鹵大王寺在斯鬼宮時、吾左治天下、令作此百練利刀、記吾奉事根原也

其の児、名はカサヒ（ハ）ヨ。其の児、名はヲワケの臣。世々、杖刀人の首と為り、奉事し来り今に至る。ワカタケ（キ）ル（ロ）の大王の寺、シキの宮に在る時、吾、天下を左治し、此の百練の利刀を作らしめ、吾が奉事の根原を記す也。

4――稲荷山古墳出土鉄剣（裏）

銘文は、「上祖」の「オホヒコ」から「ヲワケ」にいたる八代の系譜が記され、世々「杖刀人《じょうとうじん》」の「首」として「奉事」し、今に至ったこと、「ワカタケル」大王が「シキの宮」で「天下」を統治している時に、自分が大王に「奉事」している根原を記したものである、としている。銘文には、「辛亥年」と干支が記されており、それは四七一年という実年代が妥当としてあたえられている。また、「獲加多支鹵大王」は、記紀が伝える雄略天皇にあたり、『宋書』（倭国伝）が記す倭王の「武」にあたると考えられている。「オホヒコ」から「ヲワケ」までの八代の系譜は、「上祖」から「ヲワケ」につながると意識された〈父子継承の次第〉とみるか、「上祖」の「オホヒコ」以来、累代にわたって「奉事」してきた首長らの〈首長位継承の次第〉とみるか等の意見の相違がある。だが、いずれであれ、銘文には「杖刀人」の「首」として、大王に「奉事」してきた歴史の記憶が記されている。「杖刀人首」は、「杖刀」を専らにする「人」の意とし、武官の「首」（長）とすることができる。

これは、稲荷山古墳出土の鉄剣と同様に、「治天下獲加多支鹵大王世（天下治《あめのしたし》らす獲加多支鹵大王の世）（後略）」とあるように、雄略朝のものであることが明瞭な熊本県の江田船山古墳出土の鉄剣の銘文にみえる「典曹人《てんそうじん》」の語とかかわらせて理解すると、その意味するところが大変に大きいことがわかる。銘文にみられる「典曹人」として「奉事」してきた「无利弖《ムリテ》」は、下級役人である「曹」を掌る（「典」）ことを専らにする「人」の意ととらえ、文官と理解することができると思える。

二つの鉄剣の銘文から、「獲加多支鹵大王」の時代、それは五世紀後半の頃ともいえる時代の大王に仕える集団が、武官と文官に類別できる編成になっているという点が指摘できる。この点は、五世紀の大王の権力を支える〈トモ（伴造）〉制の核をなす近侍的トモの中にも見出せる特徴でもある。

トモ—近侍的トモ

近侍的トモとは、ユゲイ・トネリ・カシワデ等をさすが、ユゲイが武官に、トネリ・カシワデが文官に区分できるであろう。

大王 ┬ 文官（トネリ・カシワデ）
　　 └ 武官（ユゲイ）

近侍的トモが、こうした原理的組織区分を可能にするならば、近侍的トモとして存在したウネメ（采女）を再評価することで、いま一つ別の原理的組織区分も導き出せるはずである。ウネメが近侍的トモであることは、平野邦雄氏がつとに指摘していたところであるが（平野邦雄『大化前代社会組織の研究』吉川弘文館、一九六九年）、その後のトモ—べ（伴造—部民制）論では十分に視野に入れて論じてこなかった。そのために、トモとしてのウネメの議論も低調で評価も十分でない。ウネメは、「〈采女（トモ）—采女丁（従丁・従女）〉—采女部（べ）」と復元できる組織編成によって、制度的に裏付けられるものであり、〈采女（トモ）—采女丁（従丁・従女）〉の編成が遅くとも五世紀に生まれ、その仕組みを物質的、経済的に支える采女部（べ）の制度が六世紀以降に整うものと考えられる。

　このことは、大王制下の女官にだけ生じたトモ制度の充実でなく、男官の武官・文官のいずれのトモ制にもいえることでもあり、〈舎人（トネリ）―従丁〉、〈靫負（ユゲイ）―従丁〉の編成を基幹とするトモ制が五世紀頃には成立し、その後、六世紀以降になって舎人部（べ）や靫負部（べ）が、トモ―べ制（伴造―部民制）として制度的整備されたものと考えられるのである。これは、べ制―部民制が、六世紀以降に生成された制度であるとする今日の通説的見解に適合する理解である。

　また、ウネメが近侍的トモであることを正当に評価すれば、近侍的トモには、男女の対称性を特徴とする男官と女官の原理的組織区分も存在したことになるのである。ただし、男女の対称性をもつ近侍的トモには、性差を含んでいることをみておかねばならない。それは、「王の寵愛」といった偶発的な契機による大王との婚姻関係とミコ（御子）の出生が契機となってウネメの「キサキ」化が生じるが、トネリ・ユゲイ・カシワデらは、「王の寵愛」を受けても王位につくことはないという差異となって現れる。

　こうした点を踏まえれば、大伴氏が武官に類別される近侍的トモであり、五世紀の大王制を支える基礎的組織の中に正しく位置付けられた軍事的性格の濃い氏族であることが理解できると思える。大伴氏がそのウジ（氏）名を「オオトモ」と呼ばれた直接の起因は、自らも大王に近侍するトモでありつつ、他の近侍的トモを束ねていたことにもとづくものなのであろう。

2 各地への遠征——六世紀の大伴氏

大伴連金村

大伴金村《かなむら》は、室屋の子ないし談の子と伝える。金村は、仁賢《にんけん》天皇十一年（四九八）、仁賢没後、太子（後の武烈《ぶれつ》天皇）の命を受け、「大臣」平群臣真鳥・鮪《しび》父子を討滅し、武烈天皇が即位すると「大連」となっている。武烈没後は、応神《おうじん》天皇の五世孫、男大迹王《おおどのおう》を擁立し、河内国樟葉宮《くすは》で即位させているが、大和入りは継体《けいたい》天皇二十年（五二六）にいたるまでできなかった。継体天皇六年のいわゆる「任那四県の百済への割譲」が決定されたが、百済から「賂《まいない》」を受け取った疑惑をかけられたため、病を理由に、難波の「住吉宅」に引き籠もることもあった。大和磐余《やまといわれ》に宮を定めた翌二十一年、筑紫君磐井《つくしのきみいわい》が朝鮮半島南部に出兵する近江毛野《おうみのけな》を将とする倭王権の進軍をはばみ、反乱をおこすと、継体天皇二十三年には、金村らは物部麁鹿火《あらかひ》を将軍として派遣し、鎮圧している。

その後、安閑《あんかん》天皇が即位すると（安閑天皇元年〈五三四〉）、引き続き大連となり、皇后・妃のため各地に屯倉《みやけ》を設定し、宣化《せんか》天皇二年（五三七）には新羅が任那に侵攻すると、子の磐《いわ》・狭手彦《さてひこ》らを派遣して任那を救援している。

こうした大伴金村の動向の中で、大伴金村と大伴氏の評価にかかわる大きな事件が、いわゆる「任那四県の百済への割譲」の決定にかかわる「賂」受領の疑惑である。この点に直接に関係する史料は、『日本書紀』継体天皇六年十二月条と『日本書紀』欽明天皇元年（五四〇）九月五日条の二つである。

前者の継体天皇六年十二月条は、「百済、使を遣して調を貢《たてまつ》る。別に表《ふみ》をたてまつりて任那国の上《おこし》哆唎《たり》・下哆唎《あろしたり》・娑陀《さだ》・牟婁《むろ》、四県を請ふ」とする、百済からの割譲の要望があったことを記す一文から始まる。次いで、「哆唎国守《たりのくにのみこともち》」の穂積臣押山《ほずみのおみおしやま》の言が続く。その内容は、四県の地が「日本」から遠く、百済には接しているので、今「百済に賜い」、四県は百済に合わせておけば、他からの侵攻を受ける心配がなくなるのでは、というものであった。大伴金村は、その言をうけ、「謨《はかりごと》を同じくして」、その旨を天皇に奏したのである。この金村の同意は、その妻から「神功《じんぐう》皇后と武内宿禰らが力を尽くして得た海外の「官家」であるから、簡単に譲るべきものでない」と諫められている。金村は、妻の教えに「理」を認めるが、それでも、譲与すると決めた「天勅」に背くわけにはいかないというジレンマに陥るが、それに対し妻は「病と称して、宣（天勅）を（百済使に）伝える役を辞退すればよい」との進言があり、それに従うことにした。しかし、百済への割譲の決定が覆ったわけではない。この年十二月、「任那の四県を賜ふ」ことが正式に百済に伝えられている。その後、割譲の決定にかかわらなかった太子の勾大兄《まがりのおおえ》皇子が、割譲反対の意思を百済使に伝えたが、百済使から「すでに下った宣勅《みことのり》を、子である皇子が改めることができるのか」とたしなめられている。『日本書紀』継体天皇六年十二月条の「事実」関係の叙述は、ここまでであるが、最後に「或有《あるひと》、流言して曰く、大伴大連と哆唎国守穂積臣押山と、百済の賂を受けたり、といふ」の一文を添えている。

後者の欽明天皇元年九月五日条は、欽明天皇が難波に行幸した折、随行した大伴金村、許勢稲持《こせのいなもち》、物部尾輿《おこし》等に、欽明が「伸張著しい新羅を討つにはどのぐらいの兵卒が必要か」と問うたことに始まり、次いで、物部尾輿は「わずかの兵卒でも討つことができるのだが、倭国が、継体天皇六年に百済に任那四県を割譲したことで、新羅の倭国への恨みは増し、たやすく討つことができなくなった」との返答をしている。すると、金村は「住吉宅」に引き籠《こ》もり、朝議の場には加わらなくなった。そこで欽明は、青海夫人勾子《あおみのおおとじのまがりこ》を金村の下に遣わし、金村に事情を聞いたところ、金村は、「病と称したのは、諸臣らがそろって、(金村が)任那を亡ぼした、というので、恐ろしくて、朝議に出なくなったのである」と言ったので、青海夫人がそれを奏上したところ、欽明は「久しく忠誠を尽くしてきたのであるから、人々の口を気にするな」とする詔があり、その結果、金村は罪をうけることがなかった。

これまで金村は、百済から収賄したとの噂が原因で、病を理由にして、難波の「住吉宅」に引き籠もり、それらが重なり「大連」の地位を失墜し、ひいては大伴氏の「衰退」を導いた人として記される場合が多い。しかし、欽明紀の先の一文は、「優《あつ》く寵《めぐ》みたまふこと彌《いよいよ》深し」と結び、欽明の優寵を記している。この一文に真実が含まれているとすると、これまでの理解は修正を余儀なくされると思える。

「任那割譲」事件の真相

これまでの理解は、欽明の優寵を記しているにもかかわらず、欽明朝が始まる欽明天皇元年（五四〇）の先の条を最後として、「大連」大伴金村の動きが記されなくなっていることから出ていると考えられる。『日本書紀』欽明天皇元年以降の大伴氏にかかわる記事は、欽明天皇二十三年八月条の「大将軍」大伴連狭手彦の高句麗出兵の記事である。これは、欽明天皇元年より数えれば二十余年の間の大伴氏関係記事の空白であり、金村が政治的に失脚していたから生じた空白とみれば、これまでの理解でもよいことになる。

しかし、継体天皇六年（五一二）に生じた「任那四県」の「割譲」が、問題ありと物部尾輿らに指弾されたのは、二八年も経過した欽明天皇元年のことである。指弾を受けるまでの間、安閑朝と宣化朝の開始に当たっては、以下の史料にみえるように、「大連」として仕えることの確認を行っている。

（継体）廿五年春二月辛丑朔丁未、男大迹天皇、大兄を立てて天皇とす。即日、男大迹天皇崩。是月、大伴大連を以て大連とし、物部麁鹿火大連を大連とすること、並に故《もと》の如し（『日本書紀』安閑天皇即位前紀）。

大伴金村大連を以て大連とし、物部麁鹿火大連をもて大連とすること、並に故の如し。又、蘇我《そがの》稲目宿禰《いなめのすくね》を以て大臣とす。阿倍大麻呂臣《あべのおおまろのおみ》をもて大夫《まえつきみ》とす（『日本書紀』宣化天皇元年〈五三六〉二月一日条）。

これらの点をみれば、継体天皇六年に「任那四県」の「割譲」を決定したことが引き金になって、大伴氏の凋落・衰退が始まると考えるわけにはいかないであろう。そこで改めて、「任那四県」の「割譲」が行われた継体天皇六年という年を考えてみると、男大迹天皇が大和入りする継体天皇二十年より以前の出来事であることに気づく。それは、継体の王権が未だ不安定な時期であり、「任那四県」の「割譲」は、そうした時期の継体王権の決定（「宣勅」）であったのである。

継体の没後は、安閑・宣化と欽明の二朝が並立する争いがあったと考える有力な学説（「継体・欽明朝の内乱」説）があり、それを踏まえれば、欽明によって王統が統一されるまでは、倭王権は不安定であったと考えられる。そうした時期だからこそ、風評に影響されて曖昧さの残る臣下（金村）の処分はできない。金村に関連する記事の最後が、不安定な王権を王統の統合によって安定した王権にかえた欽明天皇元年であるのは示唆的であったとみるべきであろう。すなわち、欽明朝は、金村を「優寵」することをしても、「大連」として認証を行わなかったのである。

筑紫君磐井の反乱

『日本書紀』は、継体天皇二十一年（五二七）六月三日条に、筑紫《つくし》の国造《くにのみやつこ》、磐《いわ》井《い》が反乱をおこしたことを記している。

廿一年夏六月壬辰朔甲午（三日）。近江毛野臣、衆《いくさ》六万を率て、任那に往《ゆ》きて、新羅に破られし南加羅《ありひしのから》・喙己呑《とくことん》を為復《かえ》し興建《た》てて、任那に合せむとす。是《ここ》に筑紫国造磐井、陰《ひそか》に叛逆《そむ》くことを謨《はか》りて、猶予《うらもい》して年を経ぬ。事の成り難きを恐りて、恒に間隙《すき》を伺ふ。新羅是を知りて、密《みそか》に貨賂《まいない》を磐井が所《もと》に行《おく》りて、勧《すす》むらく、毛野臣の軍を防遏《た》へよと。是に磐井、火・豊の二つの国に掩《おそ》ひ拠りて、使修職《つかえまつ》らず。外は海路を邀《た》へて、高麗・百済・新羅・任那等の国の年に職貢《みつきものたてまつる》船を誘《わかつ》り致し、内は任那に遣せる毛野臣の軍を遮《さいぎ》りて、乱語《なめりごと》し揚言《ことあげ》して曰はく、今こそ、使者《つかいひと》たれ、昔は吾が伴《ともだち》として、肩摩《す》り、肘触《す》りつつ、共器《おなじけ》にして同食《ものくら》ひき。安《いずくに》ぞ率爾《にわか》に使となりて、余をして爾《い》が前に自伏《したが》はしめむ、といひて、遂に戦ひて受けず。驕りて自ら矜《たか》ぶ。是を以て、毛野臣、乃ち防遏《た》へられて、中途《なかみち》にして淹滞《さわりとどま》りてあり。天皇、大伴大連金村・物部大連麁鹿火・許勢大臣男人等に詔して曰はく、筑紫の磐井反《そむ》き掩《おそ》ひて。西の戎《ひな》の地《くに》を有《たも》つ。今誰か将《いくさのきみ》たるべき者、とのたまふ。大伴大連等僉《みな》曰さく。正《たいら》に直《ただ》しく仁《めぐ》み勇みて兵事《つわもののこと》に通《こころしら》へるは、今、麁鹿火が右に出づるひと無し、とまうす。天皇曰はく、可《ゆるす》、とのたまふ（『日本書紀』継体天皇二十一年六月三日条）。

他方、『古事記』は、その継体記に次のように簡単に記すだけである。

この御世、竺紫君石井、天皇の命に従はず。多く礼無し。故れ、物部荒甲の大連、大伴の金村連の二人を遣はし、石井を殺す（『古事記』継体記）。

『日本書紀』は、磐井の乱が「貨賂」を介して新羅に通じていることを記し、磐井に近江毛野の率いる新羅追討軍を遮らせるだけでなく、火・豊の二つの国にも支配を及ぼし、高句麗・百済・新羅・任那等の国の倭王への「職貢船」を欺き誘引することをも記している。『古事記』の記載と比べると、『日本書紀』の記載は倭国内に留まるものでなく、東アジア世界に通じている。こうした記述の内容

5―岩戸山古墳

の落差が、磐井の乱の実相に迫ることを困難にしている。

ところが、こうした困難さを払拭する史資料群が別にある。その一つは、熊本県の岩戸《いわと》山《やま》古墳であり、いま一つは、『釈日本紀』に引用された「筑後国風土記」逸文である。

前者の、国造磐井の墓である熊本県の国指定史跡の岩戸山古墳は、八女《やめ》古墳群の中の古墳であり、北部九州では最大の前方後円墳（全長約一三五メートル、後円部径約六〇メートル、前方部幅約九〇メートル）で、被葬者が特定できる数少ない古墳の一つである。古墳の北東隅には周堤につづく一辺約四三メートルの方形の区画（別区）が存在している。墳丘、周堤、別区からは、阿蘇凝灰岩で造られた多量の石製品が埴輪とともに出土しており、種類も人物（武装石人、裸体石人等）、動物（馬、鶏、水鳥等）、器財（靫《ゆき》、盾、刀、坩《るつぼ》、蓋《きぬがさ》、翳《さしは》等）があり、円筒埴輪などとともに古墳に立てられていた。

こうした岩戸山古墳の姿は、後者の『釈日本紀』が引く「筑後国風土記」逸文の磐井君の墓の記述と符合するところが多く、そのことから磐井君の墓と特定できるのである。

筑後国（磐井君）

筑後国の風土記に曰はく、上妻県《かみつやめのあがた》。県の南二里に筑紫君磐井の墓墳あり。高さ七丈、周り六十丈なり。墓田《はかどころ》は、南と北と各六十丈、東と西と各　丈なり。石人と石盾と各六十枚、交《こもごも》陣《つら》なり行《つら》を成して四面に周匝《めぐ》れり。東北の角に当りて一つの別区《ことどころ》あり。号《なづ》けて衙頭《がとう》と曰ふ衙頭は政所《まつりごとどころ》なり。其の中に一人の石人あり、縦容《おもぶる》に地に立てり。号けて解部《ときべ》と曰ふ。前に一人あり、躶形《あかはだか》にして地に伏せり。号けて偸人《ぬすびと》と曰ふ生けりしとき、猪を偸《ぬす》みき。仍りて罪を決められむとす。側《かたわら》に石猪四頭あり。贓物《ぞうもつ》と号く贓物は盗みし物なり。彼の処に亦《また》石馬三疋・石殿三間・石蔵二間あり。古老《ふるおきな》の伝へて云へらく、雄大迹《おほど》天皇のみ世に当りて、筑紫君磐井、豪強《つよ》く暴虐《あら》くして、皇風《おもむけ》に偃《したが》はず。生平《い》けりし時、預《あらかじ》め此の墓を造りき。俄《にわか》にして官軍《みいくさ》動発《おこ》りて襲《う》たむとする間《ほど》に、勢《いきおい》の勝つましじきを知りて、独自《ひとり》、豊前国上膳県《かみつみけのあがた》に遁《のが》れて、南の山の峻《さか》しき嶺の曲《くま》に終《みう》せき。ここに、官軍、追ひ尋ぎて蹤《あと》を失ひき。士《いくさびと》、怒泄《や》まず石人の手を撃ち折り、石馬の頭を打ち墮しき。古老の伝へて云へらく、上妻県に多く篤《あつ》き疾《やまい》あるは、蓋《けだ》しくは茲《これ》に由るか

（『釈日本記』「筑後国風土記」）。

「筑後国風土記」逸文は、「別区」の存在や墓の周囲に石人・石馬の置かれていることを記し、岩戸山古墳の実情と合致していることがわかるであろう。さらに逸文は、「衙頭」と呼ばれる別区が、「政所」とされ、磐井の支配下の裁判の一端もうかがえる記述となっている。これらは、記紀の記述からは全くうかがえないものであり、国造制下の裁判制度を考える重要な史料とされており、国造筑紫君磐井の実像に迫ることのできる貴重な史料でもある。

筑紫君磐井の反乱が、『日本書紀』の記述のようなものであったことの証明は難しいが、それでもこの反乱が、倭王権の対峙した最後の地方「国造」の反乱であったことまでを否定するものでない。そうした国造の反乱に、倭王権が追討のために送り込んだのが、大伴金村らの推挙による物部麁鹿火であった（『日本書紀』継体天皇二十一年九月三日条）。

磐井の反乱のスケールの大きさは、にわかには信じがたいとしても、『日本書紀』の記述で注目すべきは、筑紫君磐井が「昔は同輩（「伴」）として、共に同じ境遇で苦労も食事も分かち合ってきたのに、どうして大君の使者となって、私をお前に従わせようとするのか（昔は吾が伴として、肩摩り、肘触りつつ、共器にして同食ひき。安ぞ率爾に使となりて、余をして儞が前に自伏はしめむ）」と述べたという点である。この点に多くの研究者が目を向けるのは、磐井の発言が、倭王権の従属から相対的に自由な存在が、六世紀初期には、まだあり得たことを証明するものであるからであり、絶対的な権力者としての大王・天皇が誕生する以前の〈大王・中央氏族と国造・国造級の有力地方氏族〉の関係を、これほど端的に語っている史資料の少ないためだからである。

二人の王に仕えた日羅

同様に、倭国・畿内の大王との臣従関係の在り方で考慮すべきは、百済王権から「達《だつ》率《そつ》」（百済の十六等に区分された位階の第二品官）の位階を受けた「日羅《にちら》」である。日羅は、火（肥）国の葦北《あしきた》国造であった刑部靫部阿利斯登《おさかべのゆげいありしと》の子である。百済王に仕えるようになった経緯の子細は不明であるが、「達率」という位階を受けていることから百済王権の下でそれなりの存在であったとみることができる。そうした存在であったからこそ、百済王は倭王の日羅の召喚を許さなかったが、日羅は「召し」に応えて、来朝し、倭国王にも仕えることになる。その様子を『日本書紀』は、次のように記述している。

是歳、復《また》、吉備海部直羽島《きびのあまのあたいはしま》を遣して、日羅を百済に召す。（中略）是《ここ》に、百済国の主《にりむ》、天朝に怖《お》ぢ畏《かしこ》みて、敢へて勅に違《そむ》かず。奉遣《たてまだ》すに日羅・恩率《おんそち》・徳爾《とくに》・余怒《よぬ》・奇奴知《がぬち》・参官・柁師徳率次干徳《かじとりとくそちしかんとく》・水手《かこ》等、若干人《そこばくのひと》を以てす。日羅等、吉備児島屯倉《こじまのみやけ》に行き到る。朝庭、大伴糠手子連《おおとものあらてこのむらじ》を遣《たま》ひて慰《やす》め労《ねぎら》ふ。復た、大夫《まえつきみ》等を難波館に遣ひて日羅を訪《と》はしむ。是《この》時、日羅、甲《よろい》を被《き》、馬に乗りて門の底下《もと》に到る。乃ち庁の前に進む。進退《ふるま》ひ跪拝《おが》み、歎き恨みて曰さく、檜隈宮《ひのくまのみやに》御　寓《あめのしたしらしめす》　天皇の世に、我が君、大伴金村大連、国家《みかど》の奉為《おおみため》に海表《わたのほか》に使《つかわ》しし火の葦北国造刑部靫部阿利斯登の子、臣、達率日羅、天皇の召すと聞きたまへて、恐り畏み来朝《もうけ》り、とまうす。乃ち、其の甲を解き、天皇に奉る（『日本書紀』敏達《びたつ》十二年〈五八三〉是歳条）。

日羅の召喚のために百済に派遣されたのが、甲斐国の伴氏の系譜を記した大伴氏系図の一つである『古屋家家譜』によれば大伴金村の子、大伴糠手子である（一説では、狭手彦の子ともいう）。

この日羅は、次の点で、非常に興味深い在り方を示している。第一に、百済王に仕えている日羅が、倭王にも仕えることとなる点であり、第二に、そうした日羅が大伴金村大連を「我が君」と呼んでいる点である。前者は、百済王と倭王に臣下として両属することになる点が注目される。この点は、日羅が同行した百済の者の手によって殺されているように、二人の王に仕える在り方が否定される時代状況を反映しているとみるべきものであろう。後者も前者と密接にかかわり、おそらく、日羅は、金村を「我が君」とも呼んでいることから、朝鮮半島での倭王権の外交、軍事活動を行う時、金村の指揮、命令系統に従っていたことが、こうした表現を生んだものと推測できる。

次項で述べるように大伴狭手彦は、実際の指揮官として朝鮮半島に渡ったと伝えられており、『日本書紀』が記した日羅の発言と符合する点のあるのを軽視すべきでないであろう。

右に述べてきた二つのエピソードは、倭王・大王との服属関係が、強固で唯一のものでなく、倭王・大王がいまだ絶対的な専制君主としての地位を確立する以前の姿を示すものであり、六世紀の大王—王権の実情が的確に表されているのである。こうした権力関係の在り様は、倭国の大王—王権にとって克服さるべきものであり、目指すべき方向は、大王—王権への権力の集中であった。しかし、その方向性は、必ずそうなるものとあらかじめ決められたものでなく、六、七世紀の歴史展開の中で選択され、決められていくものであることを忘れてはならないだろう。

倭王権とマエツキミ

欽明朝は、日本の古代王権の歴史の上でも、世襲王権の出発がここに始まるということから時代を画するものとなっている。また、欽明朝は、堅塩媛《きたしひめ》と小姉君《おあねのきみ》の二人の女子を欽明のキサキとして送り込んだ蘇我稲目—蘇我氏が台頭し、政治的発言を強めていく時期でもあり、多くの研究者が着目する時期である。

これらに加え、欽明朝を含む六世紀中葉のころ、「マエツキミ」と呼ばれる重要政務を合議する中央有力氏族らの合議体制が、王権の下に組織化されたと推定されている時期でもある。この点に言及しているのは、次の史料である。

明日、大臣、桜井臣を喚《よ》びて、即ち阿倍臣・中臣連・河辺臣・小墾田臣・大伴連を遣はし、山背《やましろの》大兄《おおえ》に啓《もう》して言さく、磯城島宮《しきしまのみや》御宇《あめのしたしらしし》天皇の世より、近世《このよ》に及《いた》るまでに群卿《まえつきみ》皆賢哲《さか》し。唯今臣《やつかれ》不賢《おさな》くして、而遇《たまさか》に人乏《ひととも》しき時に当りて、誤りて群臣《まえつきたち》の上に居《はべ》らくのみ。是《ここ》を以て、基《こと》を定むること得ず。然るに是の事重し。伝へ導《もう》すこと能《あた》はず。故《か》れ、老臣労《おきないたわ》しと雖も、面《まのあたり》に啓《もう》さむ（『日本書紀』舒明天皇即位前紀）。

これは、推古朝の最晩年におきた推古の「遺詔」をめぐる田村皇子《たむらのおうじ》（舒明《じょめい》）と山背皇子の後継争いを子細に記す舒明天皇即位前紀のなかの一文である。注目すべきは、大臣にあたる蘇我蝦夷《えみし》が、大伴連や阿倍臣らを山背皇子の下に遣わして、伝えた言のなかに「磯城島宮御宇天皇の世より、近世に及るまでに群卿皆賢哲し」とあることである。すなわち、この史料は、「群卿」と呼ばれる組織が「磯城島宮御宇天皇」＝欽明朝のころに起源がもとめられることを記しているのである。

「マエツキミ」は、「群卿」のほか「大夫」「群臣」等、多様な書き方がある。「マエツキミ」が、特定の地位をさすものであることは、以下の史料に明らかである。

大伴金村大連を以て大連とし、物部麁鹿火大連をもて大連とすること、並に故《もと》の如し。又蘇我稲目宿禰を以て大臣とす。阿倍大麻呂臣をもて大夫とす（『日本書紀』宣化天皇元年〈五三六〉二月一日条）。

炊屋姫尊《かしきやひめのみこと》と群臣と、天皇を勧め進《たてまつ》りて、即天皇之位《あまつひつぎしろしめ》さしむ。蘇我馬子《うまこ》宿禰を以て大臣とすること故の如し。卿大夫《まえつきみたち》の位、亦故の如し（『日本書紀』崇峻天皇即位前紀）。

六世紀半ばころから七世紀半ばころまでの間にマエツキミとして認められるのは、次のような氏族である。

阿《あ》曇《づみ》連・阿倍臣・釆女臣・大市《おおいち》連・大伴連・小《お》墾田《はりだ》臣・膳《かしわで》臣・葛城《かつらぎ》臣・河辺臣・紀《き》臣・許勢《こせ》臣・佐伯連・坂本臣・蘇《そ》我倉《がのくら》臣・高向《たかむこ》臣・田口臣・田中臣・中臣臣・難波吉士《なにわのきし》・羽田臣・平群臣・穂積臣・三輪君・物部連

マエツキミは、「群卿」「四大夫」（推古天皇十八年〈六一〇〉一月九日条）、「八大夫」（推古天皇三十一年是歳条）などとも記されているように、複数氏族が想定できるものであり、これらの氏族が何らかの基準にもとづき選抜され、登庸されたものと考えられる。

こうした六世紀中葉ころに芽生えた王権を支えるマエツキミ制は、大伴氏にとっても好都合であったと考えられ、大伴金村が「住吉宅」に隠遁したものの、以下に具体的にみるように、その子や孫の世代は王権の統治を担う〈マエツキミ（前つ君）〉として活躍している。

大伴狭手彦とその兄弟

大伴狭手彦は、大連であった大伴金村の子である。兄弟に大伴磐がおり、『日本三代実録』貞観三年（八六一）八月十九日庚申条によれば、狭手彦は、「（大伴）阿彼布《あひふ》古《こ》」とよばれる弟がいたことになっている。さらに、前述した『古屋家家譜』の記載をとれば、大伴糠手子も兄弟ということになる。

宣化天皇二年（五三七）、狭手彦と磐の二人は、金村の命をうけ、任那を侵した新羅を討つために出征する。磐は筑紫に留まったが、狭手彦は海を渡り、戦闘に従事している（宣化天皇二年十月一日条）。さらに、欽明天皇二十三年（五六二）には、狭手彦は「大将軍」として、数万の兵を率いて高句麗に入り、高句麗の王宮の種々の財宝を奪い、かつ女性を捕え、天皇と蘇我稲目に献じている（欽明天皇二十三年八月条）。

このうち後者の女性は、『日本書紀』に「美女媛《おみなひめ》」と「従女の吾田子《あたこ》」と記されており、高句麗王室の女性とその従者と考えられる。その二名は、蘇我稲目の「妻」として扱われ、「軽曲殿《かるのまがりどの》」に居住したとされている。これは、形式上では「妻」であるので、蘇我稲目の国際「婚姻」を示すものである。これはまた、海外の王権と婚姻関係を結ばなくなった六世紀以降の倭王権の特質がもたらした臣下の国際「婚姻」の一つの例である（荒木敏夫『古代天皇家の婚姻戦略』吉川弘文館、二〇一二年）。

また、ここにみえる大伴狭手彦の姿は、大王の命を受けて各地へ赴く武官としての大伴氏の一族の者に共通する姿である。狭手彦の九州及び朝鮮半島への出征は、いくつものエピソードを生み、それらの中には「伝説」化したものもあったようで、『日本書紀』には載せていないが、『万葉集』や『風土記』に採録されているものがある。その一つが、肥前国の「佐用姫《さよひめ》伝説」ともいえるものである。

褶振峯《ひれふりのみね》郡の東にあり。烽《とぶひ》の処の名を褶振の烽といふ。大伴狭手彦連、発船して任那に渡りし時、弟日姫子《おとひひめこ》、此に登りて、褶を用《も》ちて振り招《お》きき。因りて褶振峯と名づく。然して、弟日姫子、狭手彦連と相分れて五日を経し後、人あり、夜毎に来て、婦と共に寝《い》ね、暁に至れば早く帰りぬ。容止形貌は狭手彦に似たりき。婦、其を恠《あや》しと抱《おも》ひて、忍黙《もだ》えあらず、窃《ひそか》に続麻《うみお》を用ちて其の人の襴《きぬのすそ》に繋け、麻の随《まにま》に尋《と》め往きしに、此の峯の頭の沼の辺《ほとり》に到りて、寝《いね》たる蛇あり、身は人にして沼の底に沈み、頭は蛇にして沼の脣《きし》に臥せりき。忽《たちま》ち人と化為《な》りて、即ち語りていひしく、篠原の弟姫の子ぞさ一夜《ひとゆ》も率寝《いね》てむ時《しだ》や家にくださむ。時に、弟日姫子の従女、走りて親族に告げしかば、親族、衆を発して昇りて看るに、蛇と弟日姫子と、並びに亡《う》せて存《あ》らず。ここに、其の沼の底を見るに、但、人の屍のみあり。各、弟日女子の骨なりと謂ひて、即《やが》て、此の峯の南に就きて、墓を造りて治め置きき。其の墓は見《いま》に在り（『肥前国風土記』松浦郡条）。

『肥前国風土記』に収録されたこの伝説は、『万葉集』にも、松浦《まつら》の佐用姫が、天皇の命を受けて「藩国」へ赴く「大伴佐提比古郎子」（狭手彦）を山の上から「領巾《ひれ》」をふって送った伝説をモチーフにした和歌を載せている。

天平二年七月十一日　筑前国司山上憶良謹上

大伴佐提比古郎子、特被朝命奉使藩国　艤棹言帰　稍赴蒼波　妾也松浦佐用嬪面　嗟此別易　歎彼会難　即登高山之嶺　遙望離去之船　悵然断肝黯然銷魂　遂脱領巾麾之　傍者莫不流涕　因号此山曰領巾麾之嶺也　乃作歌曰

遠つ人　松浦佐用姫　夫恋《つまご》ひに　領巾振りしより　負へる山の名（『万葉集』五巻、八七一番）

後人追和

山の名と　言ひ継げとかも　佐用姫が　この山の上《え》に　領巾を振りけむ（『万葉集』五巻、八七二番）

最後人追和

万世《よろずよ》に　語り継げとし　この岳《たけ》に　領巾振りけらし　松浦佐用姫（『万葉集』五巻、八七三番）

最々後人追和二首

海原《うなはら》の　沖行く船を　帰れとか　領巾振らしけむ　松浦佐用姫（『万葉集』五巻、八七四番）

行く船を　振り留《とど》みかね　いかばかり　恋《こお》しくありけむ　松浦佐用姫（『万葉集』五巻、八七五番）

朝鮮半島に出征した狭手彦は、大伴氏一族の歴史の上で、その名は後世にも喧伝され、九世紀中葉にいたってなお、正三位・中納言・民部卿・皇太后宮大夫の伴善男《とものよしお》が大伴狭手彦の末裔である伴大田宿禰常雄《つねお》に伴宿禰の姓を賜い、伴氏の一族に入れることを願い出た時にも、前記の『日本書紀』の狭手彦の活躍が引かれていることを知ることができる（『日本三代実録』貞観三年八月十九日条）。

大伴糠手子が、大伴金村の子で、一説に、狭手彦と兄弟であるという点については、日羅を召喚するために百済に赴いたこととともに、前述したところである。六世紀中葉以降の大伴氏の動向をうかがう上で、大伴糠手子は、敏達天皇十二年（五八三）、日羅を吉備の児島屯倉で慰労し、また同年、使者となって、阿斗桑市《あとのくわのいち》の館に滞在中の日羅に国政を問うている。さらには、糠手子は、殺された日羅の葬儀やその遺族らへの対応に携わっている。そこにみえるのは、「外交」の範囲に収まる仕事に従事している姿である。

『三代実録』貞観三年八月十九日条が記している「阿彼布古」は、記紀がその名を載せていないが、『古屋家家譜』が伝える狭手彦の弟の「阿被布古」である。それによれば、父金村の功によって別姓の「大部連公」を名乗ることを考えたが、氏としてのこれからの広がりを期待できず、別姓を名乗ることをやめたという。この『古屋家家譜』が伝える伝承は、朝鮮半島に赴き、いくつもの戦果をあげている狭手彦の活躍によって、金村の子であり、狭手彦の弟の「阿被（彼）布古」にも別姓を賜う恩典が及んでいたことを示すものと考えることができるのかもしれない。

大伴小手子と大伴氏の女性

六世紀の大伴氏で、その存在が注目される女性の一人に、大伴小手子《こてこ》がいる。小手子は、大伴糠手子の女であり、崇峻天皇のキサキとなり（崇峻天皇元年〈五四八〉三月条は、「妃」とするが、同五年十一月条は、「嬪」としている）、蜂子皇子《はちこのみこ》と錦代皇女《にしきてのひめみこ》をもうけている。

これまで、大王に早くから従属している「伴造」系氏族は、大王との婚姻関係を結ぶことがほとんどないと指摘されることが多かった。このことを考えると、大伴小手子の例は珍しく、大王と婚姻関係を結んだ例である。大伴氏が、六世紀後半の崇峻朝に大王と婚姻関係を結ぶことのできたことを留意し、この期の大伴氏の政治的力量をみておくべきであろう。大伴氏の大王・天皇との婚姻関係は、これに留まるものでなく、さらに文徳《もんとく》天皇の「宮人《くにん》」となったその名不詳の「伴氏女《うじめ》」の例がある（この点は、後に改めてふれる）。

この王妃の小手子は、崇峻の寵愛の衰えたことを恨み、蘇我馬子への殺意を漏らした崇峻の言を馬子に密告している。このことが原因となって、崇峻天皇五年十一月三日、崇峻は馬子の命を受けた東漢直駒《やまとのあやのあたいこま》によって暗殺されている。

この事件は、日本史では珍しい「王殺し（regicide）」といってよいものであるが、その後、倭国・日本の王である大王・天皇は公然とした場において殺されることはなくなる。一国の王が、臣下によって殺されることのなくなる点は、世界史的にみると非常に希なことであり、日本の王権の特色ともいえるものである（荒木敏夫「古代王権と譲位」『日本古代の王権』敬文舎、二〇一三年）。

また、次の史料にみえる六世紀の大伴氏の女性も、留意すべき人たちである。

度《いえで》せる尼は、大伴狭手彦連が女善徳《むすめぜんとく》・大伴狛《こま》の夫人《いろえ》・新羅媛善妙《ぜんみょう》・百済媛妙光《みょうこう》、又漢人善聡《あやひとぜんそう》・善《ぜん》通《つう》・妙徳《みょうとく》・法定照《ほうじょうしょう》・善智聡《ぜんちそう》・善智恵《ぜんちえ》・善光《ぜんこう》等。鞍部司馬達等《くらつくりのしめだちと》が子多須奈《たすな》、同時に出家す。名けて

徳斉法師《とくさいほうし》と曰ふ（『日本書紀』崇峻天皇三年是歳条）。

史料は、出家して尼や僧となった人を列記している。それらの中に、大伴狭手彦の女の善徳や大伴狛の夫人らの名がみえる。これらは、日本の女性出家者の第一号である善信尼《ぜんしんに》らに次ぐ人たちといえるものである。敏達天皇十三年（五八四）、司馬達等の子で当時一一歳であった司馬島《しめのしま》は、漢人豊女《あやひとのとよめ》、錦織石女《にしごりのいわめ》らとともに出家して、それぞれ善信尼とその弟子の禅蔵尼《ぜんぞうに》、恵善尼《えぜんに》となった。善信尼は、蘇我馬子の仲介で百済に学ぶ機会を与えられ、崇峻天皇三年に帰国し、桜井寺において戒律を授ける役割を果たし、尼の育成に努めたことが伝えられている（『日本書紀』『元興寺縁起』）。蘇我氏が、仏教の普及に力を尽くしたことはよく知られているが、大伴氏も尼僧の育成に尽力しており、同様であることがわかる。その後、推古天皇三十二年（六二四）に僧尼の数を調べたところ、僧八一六人に対し、尼は五六九人であったという。尼の数の少なくないことが注目される。

3　王権の激動と古代氏族――七世紀の大伴氏

大伴咋（囓）と推古朝の外交儀礼

敏達朝において、大伴糠手子は、日羅の応対に携わっていたが、同じく、金村の子である大伴咋《くい》（囓とも書くが、以後、咋と表記を統一する）も、推古朝において外交儀礼にかかわっている姿を見出すことができる。

一つは、推古天皇十六年（六〇八）八月、隋使裴世清《はいせいせい》らが来日した時のことであり、いま一つは、推古天皇十八年十月の新羅・任那使節が来日した時のことである。いずれも、場所は小墾田宮であり、そこで行われた「賓礼《ひんれい》」（外国使節の迎接の儀礼）の中に、その姿が見出せる。

裴世清への賓礼

裴世清は、二人の導者に導かれ南門より入り、持参した「信物（倭王への贈答品）」を「庭中（朝庭）」に置いた後、二度拝礼して、隋皇帝からの親書を読み上げている。その後、導者の一人阿倍鳥《あべのとり》が親書を受け取り、大伴咋に手渡すと、咋は親書を「大門前」に置かれた「机」の上に置いて、「奏」し、儀礼を終えている。

新羅・任那使節への賓礼

新羅・任那の使者は、隋使と同様に導者に導かれて南門を入り、庭中に立つ。次いで、庁内に座していた大伴咋・蘇我蝦夷・坂本糠手《さかもとのあらて》・阿倍鳥（子）ら四人が「起《た》」ち、使者の立つ「庭」に進み、「伏」して侍す。使者らは、再拝し、「使旨」を「奏」すと、四人は、再び「起」って、庁内に座す蘇我馬子大臣にその旨を伝える。次いで、馬子大臣は、座を起ち、「庁前」に立ち、「使旨」を聴き、儀礼は終わる。

大伴咋が、二つの賓礼にかかわっている。それは、大伴氏が戦争を含む対外交渉にかかわってきた一族の歴史に由来するものである。

なお、二つの儀礼には、推古女帝の姿がみえない記述となっている。だが、推古女帝は、二つの儀礼の場のいずれにもいたと考えられ、「大門」の奥の「大殿」こそ推古の居る場にふさわしいものと考えられる。新羅・任那の使者への迎接の時に、蘇我馬子大臣が、「大門前」でなく「庁前」に立ったのも、奥に控える大王推古に尻を向けないためと考えられるのである。この時、推古女帝は、使者らを接見していない。こうした「見えない王」の仕組みは、邪馬台国の卑弥呼と同様に、外交儀礼の場において、倭王を「見えない王」にすることによって、その権威の高さを創り出していたのである。蘇我馬子や大伴咋らがそれぞれの役割を務めた二つの賓礼の中心は、「大門」の奥にいる大王推古である。この点をしっかりと見ておくべきであろう。

また、この儀礼には、「皇子・諸王・諸臣」らが参列しているが、史料はその場所を記していない。推測となるが、「皇子・諸王・諸臣」らは東西の「庁」の前方に参列し、隋使を横から見る位置にいたと考えるのが、妥当と思える。

推古朝の外交は、ながらく「聖徳太子（厩戸皇子）の外交」と言われることが多く、厩戸皇子もこの儀礼には参加したはずであるが、二つの儀礼にはその名をみせていない。

6―小墾田宮の構造

この点の留意が必要である。いずれも、推古朝のある時期まで、「聖徳太子」が大王推古に代わって外交も切り盛りをしていたといった常識的な理解とは異なる事実である。倭国の大王が、「賓礼」の中心に位置付けられている。これまでの研究が、推古朝を「聖徳太子の時代」「聖徳太子と蘇我馬子の時代」として概括してきたために、この当然のことが、これまで充分に考慮されて検討されることが余りに少なかったのである。

賓礼のなかにみえる大伴咋は、『日本書紀』では崇峻天皇即位前紀（用明天皇二年紀に該当する）七月条に初見する。それは、蘇我氏と物部氏との対立が深まり、遂には全面対決となり、大伴咋は、物部守屋追討に参加した一人としてみえるものであり、さらには、崇峻天皇四年（五九一）十一月四日条では、紀男麻呂《きのおまろ》、巨勢猿《こせのさる》、葛城烏奈良《かつらぎのむなら》らとともに、筑紫に駐留する四人の「大将軍」の一人としてみえている。前者の記事は、蘇我稲目・馬子の二代で力を強めてきている蘇我氏に与同している一面を見落とすべきでないが、倭王権の国政を議する〈マエツキミ（大夫）〉の一員としての判断に出たところもみておくべきであろう。後者の記事は、「任那復興」問題が中核となる朝鮮半島情勢への対応からでた筑紫への「大将軍」と「二万余」の兵員の派遣であり、その任命は、大伴氏にふさわしいものといえる。

「大化改新」前後の大伴氏

「大化改新」前後の時期に該当する大伴氏を『日本書紀』から抜き出すと、大伴鯨《くじら》、大伴長徳《ながとこ》、大伴狛《こま》の三人が選び出せる。大伴鯨と大伴狛は、いずれも系譜が未詳であるが、七世紀中葉の政治史にとって重要な局面において、ともに大きな役割を果たしており、大伴氏の中枢に血統上のつながりをもっているものと考えられる。

前者の大伴鯨は、舒明天皇即位前紀に、推古の後継が田村皇子（舒明）であることを強く主張した人として記されており、この点を高く評価すれば、それが〈マエツキミ〉としての直言とみることも可能である。この直言は、蘇我本宗家（蘇我蝦夷）の意向とも合致し、舒明即位の趨勢を生み出したものであり、大きな役割を果たしているといえる。

後者の狛は、大化五年（六四九）三月の蘇我倉山田麻呂《そがのくらのやまだのまろ》の「謀反」事件の時に、その追討にかかわった人として記されている。崇峻天皇三年（五九〇）是歳条にみえる「大伴狛の夫人」との記載と関連があるものかが問われているが、不明とせざるをえない。次に述べる長徳が、この期の大伴氏を代表する後の「氏上」的な存在として認められるから、狛は長徳とともに行動した大伴氏の有力な一員と、みることができると思う。

大伴長徳は、咋の子であり、「馬飼」「馬養」とも記されることがある。御行《みゆき》・安麻呂《やすまろ》は、その子である。長徳の史料上の初見は、その名を「長徳」ではなく「馬養」と記すもので、唐国の使人の高表仁《こうひょうじん》等を難波江口《なにわのえぐち》で迎えたことを記す『日本書紀』舒明天皇四年（六三二）十月四日条である。次いで、皇極天皇元年（六四二）十二月十三日条は、「小徳大伴連馬飼」が、舒明の葬儀で「大臣」に代わって誄《しのびごと》を述べていること、皇極天皇三年六月一日には、「大伴馬飼連」が、異形の百合の花を祥瑞として献上していること等が記されている。

さらに、「孝徳天皇即位前紀」では、皇極天皇の譲位を受けて、弟の孝徳天皇が即位する時に、大伴長徳が、金の靫を身に帯して壇の右に立ち、犬上健部君《いぬがみのたけるべのきみ》が同じく金の靫を身に帯して壇の左に立っていたことを記している。この即位儀礼を経ることで、孝徳は大王として認証され、いわゆる「改新政府」が出発することになる。「改新政府」は、蘇我入鹿が暗殺され、父の蝦夷が自殺して、蘇我本宗家が滅亡した「乙巳《いっし》の変」（「大化改新」）がもたらした所産である。「改新政府」の陣容は、左大臣―阿倍内麿呂《あべのうちのまろ》（倉梯麻呂《くらはしまろ》）、右大臣―蘇我倉山田石川麻呂、内臣―中臣鎌子、国博士―沙門旻《しゃもんみん》法師・高向玄理《たかむこのくろまろ》とするものであった。新大王の東西（左右）に金の靫を身に帯して壇上に並ぶ姿は、いろいろな意味を示していると思える。

第一に、靫は矢を収納する武具で、射手の腰や背につける細長い筒である。そうした武具を身に帯した人物は、武官を表象するものである。第二に、ここでの靫が金で表装されていることを考慮すれば、その靫は実用というようなものでなく、「見せること」「見られること」を意識した靫であるとみなせる。第三に、こうした金の靫を身に帯した武官が、壇の東西（左右）に立っているのは、大王への近侍を最も端的に表現するものである。近侍する武官を象徴する役割を務める者の一人が大伴氏であることは、これまでの叙述を踏まえれば、大伴氏の本来の姿を示すものであるとみるべきであろう。

この孝徳王権の陣容は、大化五年三月十七日に「阿倍大臣」が死去し、同月には蘇我倉山田石川麻呂も異母弟の日向に「謀反」を密告されて、兵に囲まれ、長男の興志《こごし》や妻らと山田寺で自害しており、左右大臣がいなくなる事態を迎えることになる。

大化五年四月二十日の新人事は、こうした状況を踏まえたものである。大伴氏から長徳が抜擢され、大紫《だいし》（大化冠位の第五位）を授けられた上で右大臣となり、同じく大紫を授けられた巨勢徳陀古《とくだこ》が、左大臣となっている。これで長徳は、同日に大紫・左大臣となった巨勢徳陀古に次ぐ存在となったことになる。しかし、『日本書紀』は、大紫・右大臣となった長徳のその後の動向を書くことがない。そのため、七世紀後半の大伴氏については、推測に頼らざるをえないが、左大臣の巨勢徳陀古の斉明天皇四年正月の死去の事実は着目すべきであろう。長徳が、徳陀古に代わって左大臣になったという史料はない。左大臣の地位は、いつまでも空席のままにしておくわけにはいかない。となれば、右大臣の長徳が左大臣となるのが順当であろう。

天智朝の権力中枢

ところが、『日本書紀』が、斉明天皇四年（六五八）に左大臣巨勢徳陀古が死去して以後、左右大臣の人事ついて記すのは、天智天皇十年（六七一）正月の人事である。それは、次のようなものであった。

太政大臣　大友皇子
左 大 臣　蘇我赤兄《あかえ》臣
右 大 臣　中臣金《かね》連
御史大夫《ぎょしたいふ》　蘇我果安《はたやす》臣、巨勢人《ひと》（比等）臣、紀大人《うし》臣

この体制は、左右大臣の上に大友皇子の太政大臣を配し、病中にある天智を支える新体制であるが、

左大臣に蘇我赤兄、右大臣に中臣金を配している。明瞭な点は、左右大臣のいずれも、大伴長徳でないという点である。長徳は、天智天皇十年以前に亡くなったか、致仕《ちし》（官職を退くこと）したのであろう。蘇我倉山田石川麻呂が、「謀反」事件で右大臣の地位を追われ、その跡を襲ったのは長徳であった。だが、その長徳の後に右大臣となった明瞭な例が、天智天皇十年の中臣金である。

前記した天智天皇十年の王権の支配中枢に、大伴氏の名がみえないのは、象徴的である。また、天智天皇二年の白村江の戦役において、倭国軍の将軍六人のなかにも大伴氏の名がみえない。国内外への軍事力の動員に際しては、これまで記したなかにも例があるように、大伴氏の名がみえることが多いにもかかわらず、究極の国際戦争時の将軍に、大伴氏の名がみえないのは、大伴氏の登庸が避けられたためと考えることができる。

後述するが、壬申の乱が勃発した時、大伴氏は一族をあげて大海人皇子（天武）方に加わるが、大伴吹負《ふけい》は、「名を一時《ひととき》に立てて、艱難《かんなん》を寧《やす》めんと思う」と述べている。吹負のいう「艱難」とは、大伴氏が孝徳の王権の下で政権中枢の右大臣の地位に昇ったのを最後に、その後、政権中枢への登庸が避けられていたことを意味するものとみると、納得できると思えるが、いかがであろうか。

大伴氏と氏上制

天智天皇三年（六六四）二月、氏上の制が定められ、「大氏」の氏上には「大刀」が、「小氏」の氏上には「小刀」が、「伴造等」の氏上には「干楯・弓矢」が与えられている。大氏・小氏の区別は、氏族の規模によって区別されたものである。この「氏上」は、

「正五位下大神朝臣安麻呂を氏長とす」（『続日本紀』慶雲四年〈七〇七〉九月十二日条）、とあるように、「氏長」とも記されることがある。

天武天皇十年（六八一）九月には、諸氏のうちで未だに氏上を定めていない氏は、それぞれ氏上を定め、「理官」（治部省の前身官司）に申し送れとの詔が出されており、さらに翌年の天武天皇十一年十二月には、氏族の規模の大きい場合には、氏族を分割して、それぞれに氏上を定めることを命じたが、氏族の規模が小さいゆえに大きい氏族が自分の一族に組み込むようなことのないようにと釘を刺している。

文武天皇元年（六九七）閏十二月二十八日、正月に拝賀の礼を行うために往来するのを禁止したが、氏上らを拝するのは聴《ゆる》すというものである。

氏上制が実施されているのを具体的に知ることのできる史料は少なく、次のような例をみるに過ぎない。

物部雄君《おきみの》連《むらじ》、忽《たちまち》に病《やまい》発《おこ》りて卒《し》ぬ。天皇聞《きこ》しめして大きに驚きたまふ。其の壬申の年に、従車駕《おおみともにつかえまつり》て東国に入りて、大き功有るを以て、恩を降《くだ》して内大紫位を贈る。因りて氏上を賜ふ（『日本書紀』天武天皇五年六月条）。

物部雄君は、朴井《えのい》雄君とも書き、朴井氏と物部氏が広義の同族であったことを示すものであり、壬申の功臣の一人である。史料は、雄君が死去した時、「内大紫位」の冠位と「氏上」が賜与されたことを記している。この場合、「氏上」の賜与は、死後の追賜であるが、朴井雄君が、物部氏一族を代表する「氏上」であったことを認める栄誉の賜与である。

　正広肆《しょうこうし》を以て、直大壱《じきだいいち》布勢朝臣《ふせのあそみ》御主人《みぬし》と大伴宿禰御行とに授けたまふ。封増すこと、人ごとに二百戸。前に通《かよわ》せば五百戸。並に氏上とす（『日本書紀』持統天皇八年〈六九四〉正月二日条）。

大伴御行が封戸の加増を認められ五〇〇戸になっただけでなく、氏上に認定されたことになる。これが、大伴氏の氏上が誰であるかを明瞭に記す唯一の例である。他に氏上に関わる史料として、『続日本紀』に次のような史料がみえる。

　無冠麻続《おみ》豊足を以て氏上とし、無冠大贄《おおにえ》を助とす。進広肆《しんこうし》服部連佐射《はとりのむらじさざ》を氏上とし、無冠功子《こうし》を助とす（『続日本紀』文武天皇二年九月一日条）。

伊勢神宮の神官の麻続氏と服部氏、それぞれの氏上と助を認定した記事である。

　詔。甲子の年に氏上を定めし時、載せられぬ氏に、今、姓を賜はられる者は、伊美吉《いみき》より以上は、並に悉く申さしめたまふ（『続日本紀』大宝二年〈七〇二〉九月二十五日条）。

この史料は、甲子の年＝天智天皇三年に氏上を定めた時に、朝廷の記録に記載されなかった氏で、「伊美吉」（忌寸《いみき》）以上にあたる真人《まひと》、朝臣、宿禰、忌寸の姓を賜った氏に、氏上の申告を命じたものである。

天武・持統朝の大伴氏

天武天皇十三年（六八四）十一月、天武朝は、これまでの氏族秩序に手を加え、古代の主要な氏族を八つの〈カバネ＝姓〉によって序列化している。それが、「八《や》色《くさ》の姓《かばね》」の制度である。その経緯は、以下のように進んだ。

「八色の姓」の施行は、『日本書紀』天武天皇十三年十月一日条が、次のように記している。

詔して曰はく、更《また》諸氏の族姓《かばね》を改め、八色の姓を作る。天下の万姓《よろずのかばね》を混《まろか》す。一に曰はく、真人。二に曰はく、朝臣。三に曰はく、宿禰。四に曰はく、忌寸《いみき》。五に曰はく、道師《みちのし》。六に曰はく、臣。七に曰はく、連。八に曰はく、稲置《いなき》（『日本書紀』天武天皇十三年十月一日条）。

そして、この日、一三氏に「真人」姓を賜与している。一三氏は、以下の氏族である。

守山公・路公《みちのきみ》・高橋公・三《み》国《くに》公・当麻《たぎま》公・茨城《うまらき》公・丹比《たじひ》公・猪名《いな》公・坂田公・羽田《はた》公・息長《おきなが》公・酒人《さかひと》公・山道公。

「八色の姓」は、「連」姓の賜与を天武天皇十二年に前倒しで施行している。それは『日本書紀』天武天皇十二年九月二十三日条、天武天皇十二年十月五日条に見えている。前者は三八氏、後者は一四氏が上げられており、次のような氏族がそれに該当する。

天武天皇十二年九月二十三日条が記載する「連」姓を賜与された三八氏は、次のような氏族である。

倭直《やまとのあたい》・栗隈首《くるくまのおびと》・水取造《もいとりのみやつこ》・矢田部造・藤原部造・刑部造・福草部《さきくさべ》造・凡河内《おおしこうち》直・川内漢《かわちのあや》直・物部首・山背《やましろ》直・葛城直・殿服部《とのはとり》造・門部《かどべ》直・錦織《にしこり》造・縵《かづら》造・鳥取造・来目舎人《くめのとねり》造・檜隈舎人《ひのえくまのとねり》

造・大狛《おおこま》造・秦造・川瀬舎人造・倭馬飼造・川内馬飼造・黄文《きふみ》造・薦集《こもつめ》造・勾筥作《まがりのはこつくり》造・石上部《いそのかみべ》造・財日奉《たからのひまつり》造・泥部《はづかしべ》造・穴穂部造・白髪部造・忍海《おしぬみ》造・羽束《はつかし》造・文首・小泊瀬《おはつせ》造・百済造・語《かたり》造。

また、天武天皇十二年十月五日条が記載する「連」姓を賜与された一四氏は、次のような氏族である。

三宅吉士《みやけのきし》・草壁吉士・伯耆《ははき》造・船史《ふねのふびと》・壱伎《いき》史・娑羅々馬飼《さららのうまかい》造・菟野馬飼《うののうまかい》造・吉野首・紀酒人《きのさかひと》直・釆女造・阿直《あちき》史・高市県主《たけちのあがたぬし》・磯城《しき》県主・鏡作造。

このように、「連」姓の賜与が先立って行われた後、天武天皇十三年一月一日に、「八色の姓」が制定され、この日に「真人」姓が賜与され、次いで「朝臣」姓の賜与が、十一月一日に行われている。この時、「朝臣」姓を賜った氏族は、以下のような五二氏であった。

大三《おおみ》輪君《わのきみ》・大春日臣・阿倍臣・巨勢臣・膳臣・紀臣・波多臣・物部連・平群臣・雀部臣《さざきべのおみ》・中臣連・大宅臣・粟田臣・石川臣・桜井臣・釆女臣・田中臣・小墾田臣・穂積臣・山背臣・鴨君・小野臣・川辺臣・櫟井《いちい》臣・柿本臣・軽部臣・若桜部《わかさくらべ》臣・岸田臣・高向臣・宍人臣・来目臣・犬上君・上毛野《かみつけの》君・角《つの》臣・星川臣・多臣・胸方《むなかた》君・車持《くらもち》君・綾君・下道《しもつみち》臣・伊賀臣・阿閉《あべ》臣・林臣・波彌《はみ》臣・下毛野君・佐味《さみ》君・道守《ちもり》臣・大野君・坂本臣・池田君・玉手臣・笠臣。

さらに、「八色の姓」の制定に伴う「宿禰」賜姓が、天武天皇十三年十二月二日に五〇氏を対象にしてなされている。その五〇氏は、次の氏族である。

大伴連・佐伯連・阿曇連・忌部連・尾張連・倉連・中臣酒人《なかとみのさかひと》連・土師連・掃部《かにもり》連・境部連・桜井田部連・伊福部《いほきべ》連・巫部《かんなぎべ》連・忍壁連・草壁連・三宅連・児部《こべ》連・手繦丹比《たすきのたじひ》連・靫丹比《ゆきのたじひ》連・漆部連・大湯人《おおゆえ》連・若湯人《わかゆえ》連・弓削《ゆげ》連・神服部《かんはとり》連・額田部連・津守連・県犬養《あがたのいぬかい》連・稚犬養《わかいぬかい》連・玉祖《たまのおや》連・新田部《にいたべ》連・倭文《しつおり》連・氷《ひ》連・凡海《おおしあま》連・山部連・矢集《やずめ》連・狭井《さい》連・爪工《はたくみ》連・阿刀《あと》連・茨田《まむた》連・田《た》目《め》連・少子部《ちいさこべ》連・菟道《うじ》連・小治田連・猪使《いつかい》連・海犬養連・間人《はしひと》連・舂米《つきよね》連・美濃矢集連・諸会《もろあい》臣・布留《ふる》連。

また、「八色の姓」の制定に伴う最後の賜姓が、年の明けた天武天皇十四年六月二十日にあり、「忌寸」姓が賜与されている。「忌寸」姓を賜ったのは、次の一一氏族である。

大倭連・葛城連・凡川内連・山背連・難波連・紀酒人連・倭漢連・河内漢連・秦連・大隅直・書《ふみ》連。

大伴氏は、「八色の姓」の新制度の実施に伴い、その〈カバネ＝姓〉を「連」から「宿禰」に変えている。

大伴氏と壬申の乱

大伴咋（囓）の子は、長徳（馬飼）の他にも史料的に確かめられる人として、壬申の乱でその活躍が目立つ吹負（男吹負）とその兄の馬来田《まくた》（望多）の二人がいる。壬申の乱では、この二人を含め大伴氏一族の者を多く見出す。大伴友国《ともくに》、大伴朴本《えのもと》連大国《おおくに》、大伴連御行らが、それにあたり、大伴一族をあげての大海人皇子への与同といえるものであった。以下、乱の経緯をたどりながら、大伴氏のかかわりをみてみよう。

壬申の乱は、天武天皇元年（六七二）におこった天智没後の王位継承争いであり、実質的には大海人皇子の王位簒奪ともいえる事件である。

六月二十二日、大海人が吉野で決起し、壬申の乱が始まる。この時より以前、大伴馬来田と吹負の兄弟は、吉野にいる大海人皇子こそ大王になるべきであると考えていたが、状況が不明ということで、病気を理由に近江から離れ「倭家《やまとのやけ》」に退去していた。乱が勃発するや、馬来田はすぐに大海人皇子の下に参じている。『日本書紀』は、壬申の乱の当初から大海人皇子に従った者を記すことを忘れていない。それは、次のような記載である。

村国連男依《むらくにのむらじおより》・和珥部臣君手《わにべのおみきみて》・身毛君広《むげつきみひろ》に詔して曰はく、今聞く、近江朝庭の臣等、朕が為に害《そこな》はむことを謀る。是《ここ》を以て、汝等三人、急に美濃国に往《まか》りて、安八磨郡《あはちまのこおり》湯沐令《ゆのうながし》多臣品治《おおのおみほむち》に告げて、機要《はかりごとのぬみ》を宣《のたま》ひ示して、先づ当郡《そのこおり》の兵を発《おこ》せ。仍《なお》、国司等に経《ふ》れて、諸軍を差し発《おこ》して、急に不破道を塞け。朕、今発路《いでた》たむ（『日本書紀』天武天皇元年六月二十二日条）。

すなわち、天武天皇元年六月二十二日条には、村国男依、和珥部君手、身毛広らの美濃出身の者らを美濃国に派遣している。これら三人はいち早く大海人皇子に従うことになった者達であり、大海人を主人とする美濃出身のトネリらであったと考えられる。これらに続き、大海人に従った者は、史料を引いて、その全容を示しておこう。

東に入らんとす。（中略）元より従へる者、草壁皇子・忍壁皇子《おさかべのみこ》、及び舎人朴井連雄君《えのいのむらじおきみ》・県犬養連大伴・佐伯連大目《さえきのむらじおおめ》・大伴連友国・稚桜部臣五百瀬《わかさくらべのおみいほせ》・書首根摩呂《ふみのおびとねまろ》・書直智徳《ふみのあたいちとく》・山背直小林《やましろのあたいおばやし》・山背《やましろ》部《べの》小田《おだ》・安斗連智徳《あとのむらじちとこ》・調首淡海《つきのおびとあうみ》の類、二十有余人、女孺十有余人なり。即日、菟田《うだ》の吾城《あき》に到る。大伴連馬来田・黄書造《きふみのみやつこ》大伴《おおとも》、吉野宮より追ひて至《もう》けり（『日本書紀』天武天皇元年六月二十四日条）。

当初より従った二十余人の中に大伴連友国がおり、少し遅れて大伴連馬来田が合流したことがわかる。さらに、この時、屯田司《みたのつかさ》の舎人である土師馬手が従駕の者らの食を供給し、「甘羅村《かむらのむら》」を過ぎる頃、大伴朴本連大国を首とする猟者二十余人が従うことになり、美濃王を徴している。

大伴友国は、長徳の子とする説もあるが、決定的なことはいえないとするのが妥当であろう。ただし、持統天皇六年（六九二）四月二日条は、友国の死去に伴い、持統から直大弐の位と賻物《ふもつ》がおくられたことを記しており、壬申の乱での功のあったことは確かであろう。

また、大伴朴本大国は、他に見えないが、その姓が大伴・朴本の二つの姓をもつ「複姓《ふくせい》」氏族名であることに注意をはらっておく必要がある。「複姓」氏族名は、通例の理解に従えば、擬制的血縁で結ばれた同族関係を示すものであり、大伴朴本氏とは、大伴氏と擬制的血縁関係で結ばれ従属している朴本氏、という性格の氏族であることを示すものである。この点に着目すれば、『新撰姓氏録』左京神別に載せる「榎本連《えのもとのむらじ》」が「大伴氏と同祖、道臣命十世の孫、佐弖彦の後」と記されており、この氏族にあてるのが至当であろう。

乱の戦況と大伴吹負

天武天皇元年（六七二）六月二十二日、すぐさま大海人の下に参じた馬来田に対し、大伴吹負は、「名を一時《ひととき》に立てて、艱難《かんなん》を寧《やす》めんと思う」と述べ、なお「倭」（大和）の「百済家」に留まり、同族及び周辺の諸豪族を招き、「数十人」の戦闘部隊をつくり、乱の行方を見守っていた。

この「倭」（大和）の「百済家」は、大伴氏の居所であることを示すもので、奈良県北葛城郡広陵町百済の地をさすとすることもできるが、舒明天皇十一年紀にみえる百済大寺《くだらだいじ》が吉備《きび》池廃寺《いけはいじ》であるとすれば、廃寺の所在する奈良県桜井市吉備の地も大伴氏の居所のあった地である可能性はある。「百済家」は、大伴氏の居所を示す希有な史料であり、他にも居所はあったはずである。それがわからないのは、史資料がないだけである。大伴氏と比べ、比較的史資料に恵まれている六、七世紀の蘇我氏本宗家の場合、その家産体制は、表1に示したように各地に居所、拠点をもっているのである。当然、大伴氏もまた、規模の大小に差はあっても、蘇我氏本宗家の家産体制と同様の体制をとったものと考えるべきであろう。

話を戦況に戻そう。吹負が動き出すのは、六月二十九日である。吹負は準備した戦闘部隊を動かし、「留守司《るすのつかさ》」の坂上熊毛《さかのうえのくまけ》らの漢《あや》氏と議した上で、大友皇子―近江軍の飛鳥古京の軍事拠点となっていた

表1　蘇我本宗家の資産

	居宅表記	典拠
稲目	小墾田家・向原家	欽明天皇13年10月条
稲目	軽曲殿	欽明天皇23年8月条
馬子	石川宅	敏達天皇13年9月条
馬子	槻曲家	用明天皇2年4月2日条
馬子	飛鳥河辺之傍の家＝嶋庄	推古天皇34年5月20日条
蝦夷	畝傍家	皇極天皇元年4月10日条
蝦夷	大津宅倉	皇極天皇3年3月条
蝦夷・入鹿	甘檮岡の家(大臣家・入鹿家)	皇極天皇3年11月条
蝦夷	畝傍山の東の家	皇極天皇3年11月条

飛鳥寺の軍営を急襲し占拠している。この時、同族の大伴長徳の子である大伴安麻呂らが使者となって、戦捷を大海人に奏上したところ、高く評価されて、吹負は「将軍」に任じられたと伝えている。この「将軍」は、天武天皇元年七月九日条に「倭京将軍」とみえ、主として大和の倭京を所轄する将軍である。

吹負は、倭京での軍事配備を終えると、「乃楽《なら》」（奈良市）へ進軍を試みるが、稗田まで進んだ時に河内方面から近江軍が来襲する情報が入ったので、坂本財《たから》、長尾真墨《ながおのますみ》、倉墻《くらかき》麻呂、民小鮪《たみのおしび》、谷根麻呂《たにのねまろ》ら五人に三〇〇の軍士を授けて河内に通じる要衝の龍田を防がせ、佐味少麻呂《さみのすくなまろ》には数百人を率いて大坂を固めさせ、鴨蝦夷には数百人を率いさせて石手道《いわてのみち》（竹ノ内街道）を守らせている。

吹負軍の坂本財らは、平石野に到り、近江軍が高安城にいると聞き、攻撃すると、近江軍は、ことごとく税倉を焚き皆逃亡したので、坂本財らは高安城に宿営した。七月二日、坂本財らは衛我《えが》河の西で近江軍の壱伎韓国《いきのからくに》と戦って敗れ、懼坂《かしこのさか》の営に退却する。翌日の七月三日、将軍吹負は乃楽山の上に軍営をおき、倭古京は荒田尾《あらたお》赤麻呂らを遣わして守備させている。七月四日、吹負は、近江軍の将軍大野果安《はたやす》と乃楽山で戦って敗れ、敗走するが、途中、墨坂で東道将軍の紀阿閉麻呂《あえまろ》が先発隊として送った置始菟《おきそめのうさぎ》の軍千余騎と遇ったので、引き返して金綱井《かねつなのい》に駐屯している。

七月七日、この日、大海人方の将軍村国男依が、近江国の息長横河《おきながのよかわ》の地で近江軍を破っている。他方、倭方面では、高市県主許梅《たけちのあがたぬしこめ》が神がかりし、西方から敵の来襲を予言する。吹負は、当麻《たいま》の地で近江軍の将壱伎韓国を破り、倭への侵入を阻止している。倭京将軍吹負は、その後も倭の地の平定に努め、さらに難波に出て、西国の諸国司に正倉、兵庫の鍵を出させ、他の諸将らと「山前」（京都府乙訓郡大山崎町ヵ）に進み、壬申の乱の終局を迎えることになる。

大海人方は、七月二十四日に「筱波《ささなみ》」の地に集結した上で、近江方の左右大臣らを捕縛し、二十六日には、大友皇子の首を掲げ、大海人皇子の野上行宮に凱旋し、一ヵ月に及んだ乱は終結を迎えている。

壬申の乱に直接かかわったことがわかる大伴一族の者は、馬来田、吹負、友国、安麻呂の四人と擬制的血縁関係にある大伴朴本大国を加えると五人である。すなわち、これらの五人は、『日本書紀』「壬申紀」に記載された大伴氏であるが、記載に及ばなかったものの、乱にかかわった大伴氏の一族の者は後述する大伴御行のように、さらにいたものと思える。また、乱の過程を子細に記した『日本書紀』は、「倭京将軍」吹負の活躍を丁寧に記すものの、他の大伴氏の動向について記すところは、前記した点のみである。この点は、壬申の乱における大伴氏の活躍を考える上で留意が必要な点である。

大伴氏が、壬申の乱に一族の運命を賭して大海人皇子に与同したのは、吹負が、「名を一時《ひととき》に立てて、艱難《かんなん》を寧《やす》めんと思う」と述べたとされる一言に尽きると思える。乱以前の大伴氏が、これまでの歴史の中で、例えば金村による「任那四県」の割譲に伴う政治判断に非難を受けるものがあったとしても、そのことが原因で大きな政治的失墜をしたわけでない。このことは、すでに述べてきたところである。大伴氏が歴史的な雄族であることは、誰もが認めるものであった。それであるにもかかわらず、馬来田や吹負らにとっては、それでは満足できるものでなかったのであろう。

乱の終結と大伴氏

壬申の乱に際して、敗者となった大友皇子と近江軍の首脳（左大臣蘇我赤兄、右大臣中臣金、御史大夫蘇我果安、巨勢比等）らの多くは斬首ないし流刑に処せられ、勝者となった大海人皇子に与同した者達は論功行賞にあずかっている。

『続日本紀』大宝元年（七〇一）七月二十一日条は、親王已下にその官位に准じて食封《じきふ》を賜うことを記した上で、壬申年の功臣らに乱後遅くない時期に与えた「先朝」の恩典である封戸《ふこ》の賜与に言及している。封戸を与えられた者は、一五人である。それは、「村国連小依」の一二〇戸を筆頭に、以下、「当麻公国見《たぎまのきみくにみ》・県犬養連大侶《おおとも》・榎井連小君《えのいのむらじおきみ》・書直知徳《ふみのあたいちとく》・書首尼麻呂《ふみのおびとねまろ》・黄文造大伴・大伴連馬来田・大伴連御行・阿倍普勢臣御主人《あべのふせのおみみぬし》・神麻加牟陀君児首《みわのまかむだのきみこおびと》」ら一〇人は各一〇〇戸、「若桜部臣五百《いほ》瀬《せ》・佐伯連大目・牟宜都君比呂《むげつきみのひろ》・和爾部臣君手《わにべのおみきみて》」らの四人は各八〇戸であった。

この大宝元年の史料は、これらの封戸の「四分之一」を子に伝えることを認めたものと考えられている。そこには大伴馬来田と「壬申紀」にその名のない大伴御行の記載があるが、「壬申紀」にみえる大伴吹負、大伴友国、大伴安麻呂の名がない。このうちでも、とりわけ理解に苦しむのは、「壬申紀」では、あれだけ活躍したことがみえる吹負が、ここにみえない点である。吹負は、『日本書紀』天武天皇十二年（六八三）八月五日条に、「大伴連男吹負卒《みまか》りぬ。壬申年の功を以て、大錦中の位を贈る」とあるように、この年八月に亡くなっている。偶然であるが、同年六月に馬来田も亡くなっており、六月三日条には、「大伴連望多〔馬来田〕薨《みう》せぬ。天皇大きに驚きたまひて、則ち泊瀬王《はつせのおおきみ》を遣して弔《とぶら》はしめたまふ。仍《なお》壬申の年の勲績及び先祖等の時毎《ときごと》の有功《いさおしさ》を挙げて、顕《あきらか》に寵賞《めぐみたまもの》したまふ。乃ち大紫の位を贈《おいたま》ひて、鼓吹を発《おこ》して葬る」とみえている。これらの記事から馬来田と吹負の二人は、乱後一〇年して死去していることがわかるが、それ以外に乱後の事跡でわかるのは、馬来田が生前に「常道《ひたち》頭（常陸守に相当）」に任じられたことが知られるだけである。吹負にいたっては、乱の終結後、その活動は全くつかめず、『日本書紀』が記すのは、この死去の記事だけである。

二人の死去に際して、天武は馬来田に後の正三位に相当する「大紫」、吹負へは四位相当の「大錦《だいきん》中《ちゅう》」を贈っており、それに伴い『日本書紀』は二人の死去を「薨」と「卒」で書き分けている。また、兄の馬来田は、『続日本紀』宝亀八年（七七七）八月条によれば、「常道頭」という地方行政にかかわる官職を得たこともあったように、弟の吹負もそういった地方官であれ、直接に天武を支える中央の官職であれ、その任につく機会があってもよかったはずである。ところが、一族の運命を賭して臨んだ壬申の乱は、一族あげての奮闘もあり勝利することができ乱での働きへの行賞はそれなりに与えられたが、権力奪取後の天武王権の中枢・主要な構成メンバーになっていない。

美濃出身の大海人皇子に直属した〈皇子宮舎人—ミコノミヤノトネリ〉であった村国男依は、乱の過程では倭（大和）の「将軍」であった吹負以上に活躍している。その男依も、乱後の天武天皇二年以降、天武天皇五年七月に死去するまでの間、いかなる官職に就いていたのかの記事をもたないことをみれば、基本的には吹負と同じ対応であったのであろう。しかし、村国氏は美濃の有力氏族とはいえ、地方氏族であるのに対し、大伴氏は五世紀以来の歴史的な中央雄族である。乱後の扱いが、両者同等であったことに、大伴氏が複雑な思いをせざるをえなかったとみるのは不当の評価であろうか。私には、そうは思えないのである。

大伴御行と大伴安麻呂

孝徳朝の右大臣であった大伴長徳の子である御行は、大宝元年（七〇一）七月二十一日に壬申の功臣として馬来田と同じく封戸一〇〇戸を与えられている。だが、「壬申紀」にその動向をうかがわせる記載はない。それでも、前記の功封を受けた事実や弟の安麻呂が吹負の挙兵直後に使者となって、戦捷を大海人に奏上していることより判断すれば、兄の御行も大海人に与同する大伴一族の一員として参軍したものとみて誤りないと思える。

大伴御行の生年は不明であるが、その死は『続日本紀』大宝元年正月十五日条に次のように記されている。

大納言正広参大伴宿禰御行薨《こう》しぬ。帝、甚だ悼み惜みたまひて、直広肆榎井朝臣倭麻呂《えのいのあそんやまとまろ》等を遣して、喪事《ものこと》を監護《みまも》らしむ。直広壱藤原朝臣不比等等を遣して、第に就きて詔を宣《の》らしめ、正広弐右大臣を贈りたまふ。御行は、難破《(ママ)》朝の右大臣大紫長徳が子なり（『続日本紀』大宝元年正月十五日条）。

御行の死去は、丁重に行われたことがわかるが、さらにそれを示したのが、数日後の「大射《おおいくは》を廃《や》む」とあるように、儀礼としての射礼の実行を「贈右大臣の喪の故」に停めさせていることにある。

御行の史料上の初見は、『日本書紀』天武天皇四年（六七五）三月十六日条の、小錦上の御行が「兵政官」（後の兵部省に相当する官司）の「大輔」（次官）に任命された記事である。次いで、天武天皇十四年九月十八日には、天武より「御衣《おおみそ》袴《おおみはかま》」を賜った一〇人のなかに御行の姿を見出すことができ、持統天皇二年（六八八）十一月十一日、天武の葬送儀礼の最終段階で、布勢御主人《ふせのみぬし》とともに「誄」を奏上している。持統天皇五年正月十三日には、高市皇子、穂積皇子、川島皇子の王族や丹比《たじひ》島《しま》、百済王禅広《くだらのこきしぜんこう》らとならび封戸を賜っている。御行は八〇戸であり、以前の功封と合わせると三〇〇戸となる。これは布勢御主人と同じである。さらに、持統天皇八年正月二日にも布勢御主人と一緒に二〇〇戸が増封され、壬申の乱の功封が五〇〇戸となっている。加えて、この日、御行を「氏上」とする決定がなされている。持統天皇十年十月二十二日に、「正広肆（三位相当）大納言」とみえ、この日、「資人」八〇人を賜り、文武天皇四年（七〇〇）八月二十二日には「正広参（従二位相当）」の位階を賜っている。『日本書紀』と『続日本紀』から御行の履歴をたどれば以上のごとくであり、大宝元年の死去にいたるのである。

御行の弟にあたる安麻呂は、「難波朝右大臣大紫長徳之第六子也」（『続日本紀』和銅七年五月一日条）とあり、長徳の第六子である。

その安麻呂の初見史料は、『日本書記』天武天皇元年六月条に吹負軍の大和での戦捷を大海人皇子に報告した使者として出てくるもので、史料の記述から推測すると、乱の勃発時は叔父の吹負の指揮下にいたものと考えられる。天武天皇十三年二月二十四日、小錦中《しょうきんちゅう》であった安麻呂は、広瀬王とともに新都とすべき畿内の適地を探す任にあたっており、朱鳥元年（六八六）正月、新羅からの使者の金《きん》智祥《ちしょう》に応対するために筑紫に派遣されている。これは、川内王を首席とする迎接の使節の一員として派遣されたもので、外交儀礼の執行に大伴氏が携わることの多かった氏族の歴史的伝統の継承となる任といえる。同年九月九日に亡くなった天武天皇の葬送儀礼が始まると、直広参大伴安麻呂は、九月二十八日に「大蔵事《おおくらのこと》」の誄を奏上し、さらに持統天皇二年八月十日にも安麻呂は誄を奏上している。兄の御行は、持統天皇二年十一月十一日の葬儀の最終段階で誄を奏上していることは、前述したところである。

大宝元年正月十五日に兄の御行が死去するが、そのおおよそ二ヵ月後の三月二十一日、対馬島から金が貢上される。それは、この日に「大宝元年」の建元が宣言され、新令（大宝令）の施行の開始を寿ぐ祥瑞として準備されたものであった。以後、現在にいたるまで続く「元号」の初例こそ、大宝である。この大宝建元に御行がかかわっている。大宝建元の由縁となる対馬島の金は、大和国の人である三田五瀬《みたのいつせ》なる者が対馬島で冶金したものであり、五瀬を対馬島に派遣した人が御行であった。したがって、御行の功績が大となるはずであったが、『続日本紀』は対馬島の金産出が五瀬の詐欺であったことを記している（大宝元年八月七日条）。御行は、そのことを知ることなく正月に亡くなったが、大伴氏の氏上でもあった御行の最晩年におこった珍事ともいえる。

新制にもとづく体制の主要な人員は、次のようである。

左大臣	正広弐	多治比真人島	→正冠	正二位
大納言	正広参	阿倍朝臣御主人	→正冠	従二位
中納言	直大壱	石上朝臣麻呂	→正冠	正三位
	直広壱	藤原朝臣不比等	→正冠	正三位
	直大壱	大伴宿禰安麻呂	→正冠	従三位
	直広弐	紀朝臣麻呂	→正冠	従三位

大宝二年正月十七日、安麻呂は式部卿となり、五月二十一日には参議に抜擢され、六月二十四日に

は式部卿から兵部卿に転任となっている。慶雲二年（七〇五）八月十一日には、大納言となり、十一月二十八日には、「大納言従三位」のままで大宰帥を兼官している。この安麻呂の大納言への昇進は、『続日本紀』和銅元年（七〇八）三月十三日条にも正三位の安麻呂を大納言とする記事があり、史料の同事重出とされている。和銅七年五月一日、大納言兼大将軍正三位の安麻呂は、この日に薨去している。元明女帝はこれを深く悼み、従二位の位を贈っている。

Ⅱ

奈良・平安時代の大伴氏

7―大伴家持像（富山県高岡市）

大伴家持は，天平18年（746）から越中国守として5年間在任している．『万葉集』には，射水《いみず》郡の二上山を詠った家持の長歌がみえる．天平19年3月30日のもので，家持，28歳の作である．

1 律令貴族大伴氏——大伴安麻呂・旅人

律令国家と古代氏族・古代貴族

古代氏族は、血縁集団を核として非血縁集団も含んだものである。それは、時代とともにその規模を変化させ、流動するものである。ところが、律令の導入が七世紀末頃より試みられて広く行き渡るようになると、これまで氏族—集団を単位として律することの多かった王権統治下の組織、社会が変容し、氏族—集団を構成する個が国家によって律せられるようになる。その変化の強弱、緩急は、一律ではないが、律令国家が成熟していくと、古代氏族は、律令原理の影響を受け、変化にさらされていくことになる。

大伴氏のような歴史的名族であっても、律令制下では、氏族を単位とした評定も無いわけではないが、その氏族員は、原理的には、有位者集団内の一人として存在するのであり、位階とそれに相当する官職は、個人に与えられるものである。そして、個人が所持する位階は、令が定める「善」を積み、官署ごとに令の定めた「最」を評定し、毎年の「考」を重ねて始めて昇るものであり、位階が昇叙することでより高い官職に就くことができるようになる。古代官僚の評価の目安が分かる興味深い史料があるのでその総てを載せておこう。

表2　考課令善条・最条

考課令善条	
	徳義《とくぎ》聞こゆること有らば、一善《いちぜん》と為よ。 清《いさぎよ》く慎《つつし》めること顕《あらわ》れ著《あらわ》れたらば、一善と為よ。 公平《くうびょう》、称《しょう》すべくは、一善と為よ。 恪《つつし》み勤《つつし》むこと懈《おこた》らざらば、一善と為よ。

考課令最条	
神祇官	神祇の祭祀、常の典《のり》に違《たが》はずは、神祇官の最とせよ。〈謂はく、少副以上をいふ。〉
大納言	献《たてまつ》ること替《す》てむこと、奏《もう》したまひ宣《のたま》ひ、務《まつりごと》を議《はか》らむこと理に合《かな》へらば、大納言の最とせよ。
少納言	旨《むね》を承《うけたまわ》りて違ふこと無く、吐《のたま》ひ納《もう》したまふこと明らかにして敏《さと》らば、少納言の最とせよ。
弁官	庶《もろもろ》の務を受け付《さず》け、処分すること滞《とどこお》らずは、弁官の最とせよ。〈謂はく、少弁以上をいふ。〉
中務（卿）	侍従《じじゅう》し、覆奏《ふくそう》し、施行すること停らずは、中務の最とせよ。〈謂はく、少輔以上をいふ。〉
式部	人物を銓衡《せんこう》し、才能を擢《ぬき》んで尽せば、式部の最とせよ。〈謂はく、少輔以上をいふ。〉
治部	僧尼《そうに》、道《どう》に合ひ、譜第《ふだい》、擾《みだ》れずは、治部の最とせよ。〈謂はく、少輔以上をいふ。〉
民部	戸口濫《みだ》んがはしからず、倉庫実《じち》あらば、民部の最とせよ。〈謂はく、少輔以上をいふ。〉
兵部	武官を銓衡し、戎事《にゅうじ》を調《ととの》へ充《み》てば、兵部の最とせよ。〈謂はく、少輔以上をいふ。〉
刑部	決断滞らず、与奪、理に合《かな》へば、刑部の最とせよ。〈謂はく、少輔以上及び判事をいふ。〉
大蔵	武官を銓衡し、戎事を調へ充てば、兵部の最とせよ。〈謂はく、少輔以上をいふ。〉
宮内	食産《じきぜん》を供《ぐ》するに堪《た》へ、諸部《しょぶ》を催《もよお》し治《おさ》めたらば、宮内の最とせよ。〈謂はく、少輔以上をいふ。〉
弾正	訪《とぶら》ひ察《み》ること厳《いつく》しく明《あき》らかにして、紏《ただ》し挙ぐること必ず当れらば、弾正の最とせよ。〈謂はく、忠以上及び巡察をいふ。〉

京職	礼教《れいきょう》を興《おこ》し崇《とうと》び、盗賊《とうぞく》を禁断《きんだん》せらば、京職《きょうしき》の最とせよ。〈謂はく、亮《りょう》以上をいふ。〉
主膳	御膳《ごぜん》を監《み》造《つく》ること、浄《いさぎよ》く戒めて誤つこと無くは、主膳《しゅぜん》の最とせよ。〈謂はく、亮及び典膳《てんぜん》以上をいふ。〉
衛府	部《す》べ統《す》ぶること方《ほう》有り、警《つつし》み守ること失《しち》無くは、衛府の最とせよ。〈謂はく、尉以上をいふ。〉
雅楽	音楽克《よ》く諧《ととのお》つて、節奏《せちそう》失はずは、雅楽《ががく》の最とせよ。〈謂はく、助以上をいふ。〉
玄蕃	僧尼、擾れず、蕃客《ばんきやく》所を得たらば、玄蕃の最とせよ。〈謂はく、助以上をいふ。〉
主計	国用《こくよう》を支度《したく》し、勘勾《かんこう》明らかならば、主計の最とせよ。〈謂はく、助以上をいふ。〉
主税	蓋《ふ》き蔵《おさ》むるに謹み、出し納《い》るるに明らかならば、主税の最とせよ。〈謂はく、助以上をいふ。〉
馬寮	閑《みむまや》の馬を調《ととの》へ肥やし、飼丁《かうよほろ》を脱《も》らさずは、馬寮の最とせよ。〈謂はく、助以上をいふ。〉
兵庫	曝《さら》し涼《さら》すに慎み、出し納るるに明らかならば、兵庫の最とせよ。〈謂はく、助以上をいふ。〉
侍従	朝夕に常に侍《じ》して、遺《わす》れたるを拾《ひろ》ひ、闕《か》けたるを補《おきぬ》へらば、侍従の最とせよ。
監物	監察《みみ》ること怠らず、出し納るること明らかに密《たしか》ならば、監物の最とせよ。
内舎人	宿衛《しゅくえい》に勤め、進退《しんたい》、礼《れい》に合《かな》へらば、内舎人《ないとねり》の最《さい》とせよ。
次官以上	職事《しきじ》修《おさ》まり理《おさ》まり、昇降《しょうごう》必ず当れらば、次官以上の最とせよ。
考問（式部・兵部の丞）	清きを揚げ濁れるを激《はげま》し、褒《あ》げ貶《くだ》すこと必ず当れらば、考問の最とせよ。
判官	訪ひ察ること精《くわ》しく審《あき》らかにして、庶《もろもろ》の事兼ね挙げたらば、判官の最とせよ。
諸官	公の勤《つと》、怠らず、職掌《しきしょう》、闕無《けつな》くは、諸官の最とせよ。
主典	事を記すに勤め、稽失《けいしち》、隠すこと無くは、主典《しゅてん》の最とせよ。
文史	詳《あき》らかに録《しる》すこと典正《てんしょう》にして、詞理《じり》、兼《か》ね挙げたらば、文史《もんし》の最とせよ。
内記	事を記すに明らかにして、勅旨失はずは、内記《ないき》の最とせよ。
博士	訓《おし》へ導くこと方有り、生徒、業《ぎょう》充てらば、博士の最とせよ。
方術	占候医《せむこうい》卜《ぼく》、験《しるし》を効《いた》せること多くは、方術《ほうじゅつ》の最とせよ。〈十にして七得るを多しとせよ。〉

暦師	盈虚《えいきよ》を推歩《すいぶ》し、理究むること精しく密《たしか》にせらば、暦師《りやくし》の最とせよ。
市司	市廛《してん》擾れず、奸濫《けんらん》行はれずは、市司《しし》の最とせよ。〈謂はく、佑《ゆう》以上をいふ。〉
解部	推《と》ひ鞫《と》ふこと情《まこと》を得《え》、申弁明了《しんべんみようりよう》ならば、解部《ときべ》の最とせよ。
大宰	礼儀興り行はれ、戎具《にゆうぐ》充て備《そな》はれらば、大宰《だいさい》の最とせよ。〈謂はく、少弐《しように》以上をいふ。〉
国司	諸の事を強《こわ》く済《な》し、所部《しよぶ》を粛《しず》め清《きよ》めたらば、国司の最とせよ。〈謂はく、介以上をいふ。〉
国掾	愛憎有ること無く、供承《ぐじよう》善《よ》く成せらば、国掾《じよう》の最とせよ。
防司	防人調へ習《なら》はし、戎《にゆう》奨充《み》て備《そな》へたらば、防司の最とせよ。〈謂はく、佑以上をいふ。〉
関司	譏《とぶら》ひ察ること方有りて、行人擁《とどこお》ること無《な》くは、関司《げんじ》の最とせよ。

大宝から奈良時代の末までに、親王・諸王以外で三位以上になった者の出身氏族名をあげると、次の二一氏がそれに該当する。

多治比《たじひ》真人・氷上《ひかみ》真人・文室《ふんや》真人

阿倍朝臣・粟田《あわた》朝臣・石川朝臣・石上《いそのかみ》朝臣・大野朝臣・小野朝臣・紀朝臣・吉備朝臣・巨勢《こせ》朝臣・高麗《こま》朝臣・高向《たかむこ》朝臣・中臣朝臣・藤原朝臣

大伴宿禰・佐伯宿禰・橘宿禰（朝臣）・弓削《ゆげ》宿禰

百済王

また、『新撰姓氏録』は、京・畿内に限定して、氏族を神別、皇別、諸蕃の三つに区分しているが、その対象となった氏族数は、一一八二氏である。この氏族数を考慮すれば、三位以上に昇格するのがいかに困難であったかが理解できると思える。

多治比氏、橘氏、氷上氏、文室氏の四氏は皇族から出た新しい氏、百済王氏、高麗氏は朝鮮王族の後裔、その他は、地方出身で学才によって身をおこした吉備真備を出した吉備氏や天皇の護持僧であったという特別の契機から位を上り詰めた道鏡を出した弓削氏を除外すると、大宝以前より倭王権の中軸で国政にかかわっていた氏族である。

二一氏族のうち、前記した天武朝の「八色の姓」のうち、真人姓氏族が三氏、朝臣姓氏族が一三氏、宿禰姓氏族が四氏、王姓が一氏で、天武八姓の最上位の真人姓氏族が、特別の優遇を受けているわけでないことがはっきりしている。このことは、天武八姓の制定のねらいの一つである王族系氏族を筆頭に置く氏族秩序の再編という点からみれば、奈良時代を通じて、そのねらいが、貫徹しなかったともいえるものである。また、先にみたように天武八姓の制定によって、真人姓は一三氏に賜与されたが、氷上氏や文室氏は奈良時代に入っての新興氏族であり、一三氏のなかでは多治比氏だけが残ったといえる。

朝臣姓を賜った氏族は、五二氏族であったが、一三氏族だけが国政の中枢に参画したことになり、同様に、宿禰を賜姓された五〇氏族のうち、新興の橘氏を除くと、わずか三氏しか国政の中枢に加われなかったことになるのである。

大伴氏は、そのわずか三氏のなかの一つである。そこで、八世紀以降の大伴氏について、その動向の大勢をつかむために、『公卿補任』の記述を参考にして、大伴氏から出た「公卿」経験者をその年次とともに示す表（表3、表5、表9）を作成すると、次のような点に気づく。
それは、大伴氏が国政の中枢に、その一族の者を送り出せていない空白の期間があることである。

8―大伴氏系図（長徳・馬来田・吹負〜中庸）

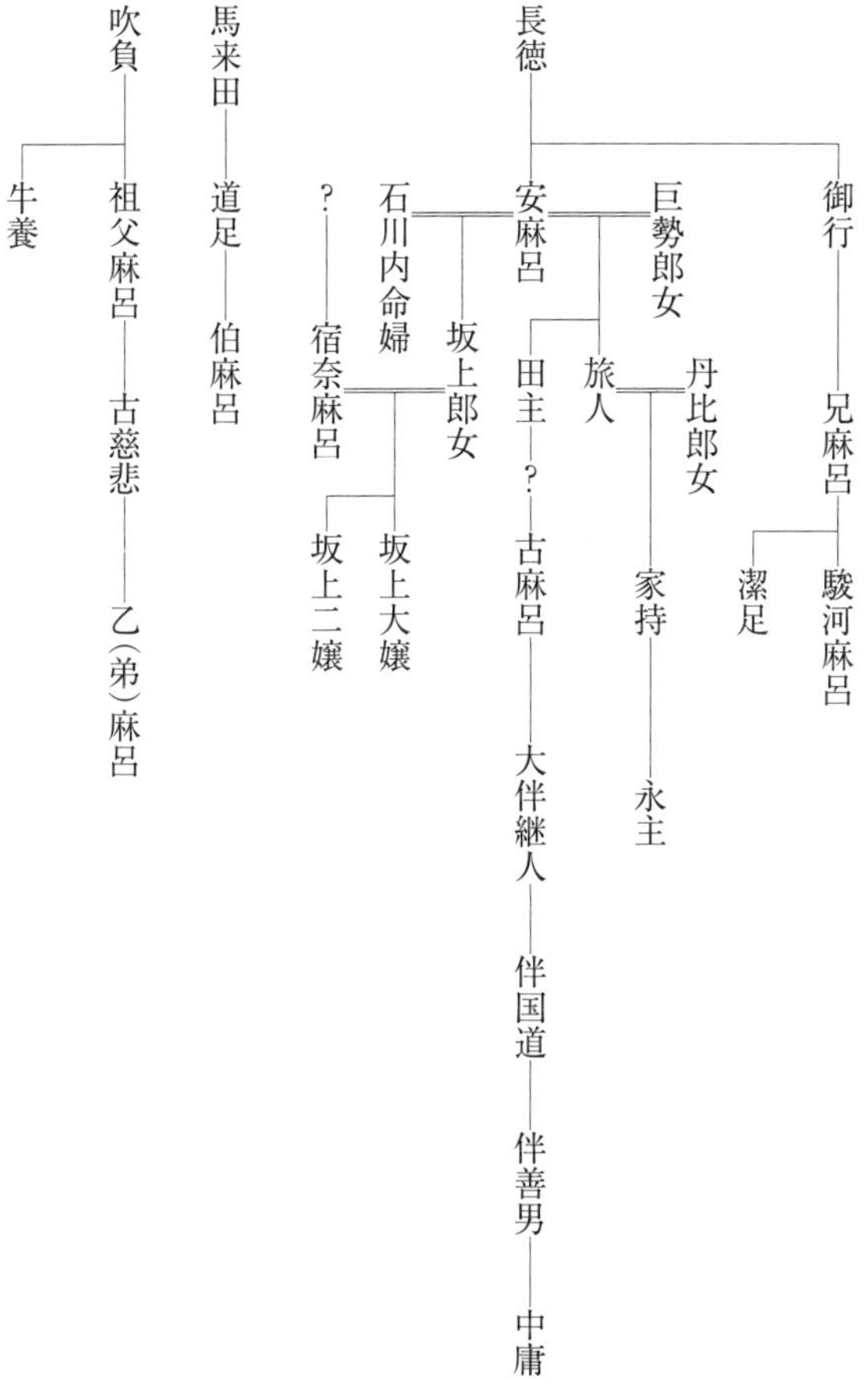

表３　大伴氏の公卿（大宝元～天平４年）

年	天皇	官職	位階	大伴氏	系統
大宝元	文武	大納言	正二位	大伴御行	1
大宝元	文武	中納言	従三位	大伴安麻呂	2
		散位	従三位	大伴安麻呂	2
大宝２	文武	参議	従三位	大伴安麻呂	2
大宝３	文武	参議	従三位	大伴安麻呂	2
慶雲元	文武	参議	従三位	大伴安麻呂	2
慶雲２	文武	大納言	従三位	大伴安麻呂	2
		中納言	従三位	大伴安麻呂	2
		参議	従三位	大伴安麻呂	2
慶雲３	文武	大納言	従三位	大伴安麻呂	2
慶雲４	文武・元明	大納言	従三位	大伴安麻呂	2
和銅元	元明	大納言	正三位	大伴安麻呂	2
和銅２	元明	大納言	正三位	大伴安麻呂	2
和銅３	元明	大納言	正三位	大伴安麻呂	2
和銅４	元明	大納言	正三位	大伴安麻呂	2
和銅５	元明	大納言	正三位	大伴安麻呂	2
和銅６	元明	大納言	正三位	大伴安麻呂	2
和銅７	元明	大納言	正三位	大伴安麻呂	2
養老２	元正	中納言	従四位上	大伴旅人	2
養老３	元正	中納言	正四位下	大伴旅人	2
養老４	元正	中納言	正四位下	大伴旅人	2
養老５	元正	中納言	従三位	大伴旅人	2
養老６	元正	中納言	従三位	大伴旅人	2
養老７	元正	中納言	従三位	大伴旅人	2
神亀元	元正・聖武	中納言	正三位	大伴旅人	2
神亀２	聖武	中納言	正三位	大伴旅人	2
神亀３	聖武	中納言	正三位	大伴旅人	2
神亀４	聖武	中納言	正三位	大伴旅人	2
神亀５	聖武	中納言	正三位	大伴旅人	2
天平元	聖武	中納言	正三位	大伴旅人	2
		権参議	従四位上	大伴道足	3
天平２	聖武	大納言	正三位	大伴旅人	2
		中納言	正三位	大伴旅人	2
		権参議	正四位下	大伴道足	3
天平３	聖武	大納言	従二位	大伴旅人	2
		参議	正四位下	大伴道足	3
天平４	聖武	参議	正四位下	大伴道足	3

1 大伴長徳―御行系，2 大伴長徳―安麻呂系，3 大伴馬来田系．

表にして示した期間は、大宝元年（七〇一）から天暦七年（九五三）の二五二年間であるが、その間に四つの大きな空白期間がある。そのうち最後の一つが、七三年という非常に長い空白であるが、これを除くと、残る三つは、一六年、一三年、一六年であり、比較的短期の空白である。それぞれの空白を生んだ理由は、以下、三節に分けて八世紀以降の大伴氏の歴史をみていくことで明らかになると思える。

なお、「公卿」とは大臣、納言、参議及び三位以上の上級官人の称である。この表では、参議以上の官についた時を摘出したが、「散位」「非参議」「権参議」の場合も参考として載せている。

大伴御行と大伴安麻呂の死去

大伴長徳《ながとこ》の子の御行《みゆき》は、大宝元年（七〇一）正月十一日に死去している。同じく長徳の子の安麻呂《やすまろ》は、和銅七年（七一四）五月一日に薨去している。

大伴御行は、先に述べたように持統天皇八年（六九四）正月二日に氏上となっている。その氏上の地位が、大宝元年正月十一日の死去まで持続していたとすると、大伴氏の氏上に七年間いたことになる。御行の死後、大伴氏は国からの認証を得ることのできる新たな氏上を選んだはずであるが、史料では確認できない。それでも、表3に明らかなように、御行の死と同年にあたる大宝元年の太政官体制の一翼を担う存在として、安麻呂が御行に替わって公卿となっていることを見出すことができる。

安麻呂は、大宝元年から死去する和銅七年までの一四年間に、散位から参議、中納言を経て大納言にまで昇っており、名実ともにこの頃の大伴氏を代表する存在であった。これらの点を考慮すれば、御行没後の大伴氏の氏上は安麻呂とみて大過なく、和銅七年に亡くなるまで氏上の地位にいたものと思える。

ちなみに、大宝元年の国政を担った公卿等は、次のような人たちであった。前記したように、この年に亡くなった御行に代わり安麻呂の名が「中納言　従三位」とみえることは言うまでもない。

左大臣	正二位	多治比真人島
右大臣	従二位	阿倍朝臣御主人
大納言	正三位	大伴宿禰御行
大納言	正三位	石上朝臣麻呂
大納言	正三位	藤原朝臣不比等
大納言	従三位	紀朝臣麻呂
中納言	従三位	布勢朝臣御主人
中納言	従三位	高市朝臣麻呂
中納言	従三位	大伴宿禰安麻呂
中納言	従三位	藤原朝臣不比等（→大納言へ）
中納言	従三位	石上朝臣麻呂（→大納言へ）
中納言	従三位	紀朝臣海麻呂（→大納言へ）

この安麻呂が、氏上についたことと恐らく無縁でないと思えるものに、大伴氏の氏寺建立がある。

大伴寺―永隆寺

「正倉院文書」続々修（『大日本古文書』二四、二〇一頁）の中に、年次未詳であるが、「大伴寺奉請　経」と記された文書がある。この文書は大伴氏の氏寺を意味するものと推測できる「大伴寺」の記載があることで、古くから注目されていた。また、この大伴寺は、『東大寺要録』の次のような記述に対応するものと考えられている。

永隆寺　字伴寺

右の寺は、大伴安麿大納言の建立。飯高（元正）天皇の代、養老二年、奈良坂の東の阿古屋谷《あこやだに》に永隆寺を立つ。同五年辛酉三月廿三日、奈良坂の東谷、般若山の佐保河東山に改めて遷し立つ

（『東大寺要録』）。

9―東大寺墓所（永隆寺推定地）

また、この大伴寺＝永隆寺は、天平勝宝八歳（七五六）六月九日の日付を有する「東大寺山堺四至図」に、東大寺の四至の北辺に接して描かれているひとつの堂がそれであると考えられる。あいにく破損があり、「□□寺」としか示せないが、□□に該当する部分は、大伴の二字を補って理解され、それが永隆寺に他ならないであろうと考えられている。

すでに指摘されているが、安麻呂が養老二年（七一八）に永隆寺を建立したという『東大寺要録』の記載は、安麻呂が和銅七年（七一四）五月一日に死去していることから不自然である。『東大寺要録』の記載を活かすとすれば、福山敏男氏のように

10――大伴寺地図

氏寺建立の発願が和銅七年以前にあり、養老二年に完成をみたものの、養老五年に移建したと考えるのが妥当であろう（福山敏男「大伴寺と伴寺（永隆寺）と佐保寺」『奈良朝寺院の研究』綜芸舎、一九七八年）。

大伴寺＝永隆寺の所在した地は、後述するように、同寺が廃寺となり現存しないため、『東大寺要録』や「東大寺山堺四至図」その他の記載をたよりに、その地を推測するしかない。牛山佳幸氏は、東大寺文書から流出した「永隆寺文書」の検討を行い、中世の大伴寺（伴寺―大伴氏が嵯峨天皇の諱、大伴を避け、伴氏に改姓したことにかかわって、大伴寺も伴寺と寺名を変更したのであろう）の実情を明らかにしている（牛山佳幸「『永隆寺文書』と永隆寺」『古代文化』三八巻九号、一九八六年）。

大伴寺の所在する大和国の佐保の地は、添上《そえかみ》郡に属し、長屋王の「作《さ》宝宮《ほのみや》」（「長屋王御願書写大般若経（神亀経）」）のような邸宅がおかれたりする特別の地である。大伴氏も安麻呂が「佐保大納言」と呼ばれ（『万葉集』二巻、一二六番題詞）、また、安麻呂と石川郎女《いしかわのいらつめ》との間に生まれた大伴坂上郎女《さかのうえのいらつめ》が「佐保宅」（『万葉集』四巻、七二一番題詞）に居住しているように、その邸宅を佐保の地にもっていた。

　こうした地の一角に、安麻呂は「佐保宅」だけでなく、大伴氏のための氏寺ともいえる「大伴寺」を建立しているのである。大伴寺の所在地については、発掘調査による知見を未だ得られていないが、奈良市川上町の三笠霊園の一角にある伴墓とも呼ばれる東大寺墓所周辺の地が最も有力な候補地である。そこには、俊乗房重源《しゅんじょうぼうちょうげん》の墓と伝える五輪塔（重要文化財）がある。それは、火輪（笠）が四角錐ではなく三角錐の珍しい五輪塔である。三笠霊園内の急峻な坂道をたどり、俊乗房重源の墓のある現地に立つと、眺望が一気に西に開け、佐保川や佐保の地を眼下にみることになる。この地及び周辺を大伴寺の故地に比定するのは、地理的には充分に適っていると思えるが、なお、確証が欲しいのも事実である。

11──重源の五輪塔

　佐保の地に建立された大伴寺は、前記したように『東大寺要録』の記載を活かして、和銅七年以前に氏寺建立の発願があり、養老二年に完成をみたものの、養老五年に移建したものと考えると、大伴氏の氏上の安麻呂が発願し、和銅七年の死去後は、その息男旅人《たびと》が事業を引継ぎ、完成をみたものと考えられる。その建立は、和銅三年三月十日に藤原京から平城京への遷都が宣言され、飛鳥、藤原の地から離れた「平城」の地に王都が移動したように、大伴氏の中枢拠点を「平城」に移動させることからでたものであるが、それのみにとどまるものでなかった。

すなわち、以前に増して徹底した律令体制の下で動くことで、大伴氏の一人一人が成人に達すると位階と官職を授けられ、個々に官人としての評価を受けることになり、それによって大伴氏の氏族的結合が弱まることを危惧したことからでたものとも考えられるのである。氏上として安麻呂は、一族の結合を強めるためにも寺院の建立を企て、そのことによって大伴氏の勢威を示す好機ととらえたのであろう。同時に、七世紀末から八世紀初頭のいわゆる「白鳳期」に建立起源をもつ寺院が全国的にみられることを留意すれば、伽藍造営の気運を背景にした判断であったともいえよう。

安麻呂室―石川郎女

大伴安麻呂は、図8に示したように、その婚姻相手として知られるのが三人いる。その主要な部分のみを抜き出せば、次のようになる。すなわち、一人は、坂上郎女の母である石川郎女であり、いま一人は、旅人や田主《たぬし》の母である巨勢郎女《こせのいらつめ》である。残る一人は、宿奈麻呂《すくなまろ》の母にあたる氏名不詳の女性である。このうち、石川郎女は、八世紀前半の大伴氏を考える上でも重要な存在である。

石川郎女は、蘇我倉山田石川麻呂《そがのくらのやまだのいしかわのまろ》から出た石川氏の出身であるが、生没年は未詳である。石川内《うちの》命婦《みょうぶ》とも呼ばれたことが、『万葉集』の大伴坂上郎女の歌二首（四巻、六六六・六六七番）の題詞に

「大伴坂上郎女の母石川内命婦」とあることからわかる。ちなみに、「内命婦」は、「職員令」中務省条の令義の注に「謂、婦人で五位以上を帯する（官人）を内命婦というなり。五位以上の（官人の）妻を外命婦《げのみょうぶ》というなり」とある。古代の女性の地位を示す称号であり、相当する位階と定員はないが、「命婦（ヒメトネ）」は、古代の女性官人の実態を知る上で重要な存在である。石川内命婦は、正史にその名を見出せないが、『万葉集』に散見しており、次の史料もそれらのうちの一つである。

冬の日、靫負《ゆげい》の御井に幸《いでま》しし時、内命婦石川朝臣の詔に応へて雪を賦《よ》む歌一首 諱を邑婆といふ

松が枝の　土に着くまで降る雪を　見ずてや妹が　隠り居るらむ（『万葉集』二〇巻、四四三九番）

時に水主《もいとり》内親王、寝膳《しんぜん》安からず。日を累《かさ》ねて参りたまはず。因りて、此の日を以ちて、太上天皇の侍嬬《みやおみな》等に勅したまひしく、水主《もいとり》内親王に遺らむが為に、雪を賦みて歌を作りて献《たてまつ》れとのりたまへり。ここに諸命婦《ひめまちきみたち》等歌を作り堪《あ》へず。しかるに此の石川命婦、独り此の歌を奏しき

年次は不明であるが、「太上天皇」の「靫負の御井」への行幸時に、「石川命婦」も随行し、天智天皇の皇女である水主内親王に献じる歌を当意即妙に作ったことを記している。史料にみえる「太上天皇」は、水主内親王が天平九年（七三七）八月に亡くなっているのを考慮すれば、元正太上天皇とみるのが妥当であろう。

太上天皇に近侍し随行もする石川郎女の女性官人「内命婦」としての姿がここに投影されているのである。しかし石川郎女は「石川内命婦」とはまた異なる興味深い呼ばれ方もしている。それは、次

のような史料にみえる「大家」という呼称である。

七年乙亥、大伴坂上郎女、尼理願《りがん》が死去《みまか》れるを悲しび嘆きて作る歌一首并短歌

（長歌、反歌は略す）

右は新羅国の尼、名を理願といふ。遠く王徳に感じ聖朝に帰化す。時に大納言大将軍大伴卿の家に寄住して、既に数紀《あまたのとし》を逕《へ》たり。ここに天平七年乙亥を以ちて、忽《にわか》に運病に沈みて、既に泉界に趣く。ここに**大家**石川命婦、餌薬《にやく》の事に依りて、有間の温泉に往きて、この喪に会はず。但《ただ》、郎女独り留りて屍柩《しきゅう》を葬送すること既に訖りぬ。よりてこの歌を作りて温泉に贈り入る（『万葉集』三巻、四六〇番題詞・四六一番左註）

石川郎女歌一首　即ち佐保大伴の**大家**そ

春日野の　山辺の道を　よそりなく　通ひし君が　見えぬころかも（『万葉集』四巻、五一八番題詞）

二つの史料は、ともに石川郎女を「大家」と形容している。「大家」について、日本古典文学大系本『万葉集』は、前者の事例に「おおとじ」と訓みを施し、「大家は大姑と同義で、婦人の尊称。中国に用例がある」との註を付けている。「おおとじ」は、「大刀自」のことであり、「刀自」のなかでも特別、別格の一族の女性尊長をさすものと考えられる。「大家」がこのような意味として考えられ

るならば、『日本霊異記』中巻第三四話の「孤《みなしご》の嬢女《おうな》、観音の銅像に憑《よ》り敬ひ、奇《めずら》しき表《しるし》を示して現報を得る縁　第卅四」が記す「隣の富める家」の「大家」も同じ脈絡で理解すべきであろう。

また、前掲の〈二〇巻、四四三九番〉の題詞に、「内命婦石川朝臣」を敬して「邑婆」と呼んでいることを記しているが、「邑婆」は「おおば」と訓むのであろう。この語も、「大家」と「大姑」が同義であるように、女性尊長の意味を含ませた「大婆」という漢字に置き換えが可能ではないかとも考えられる。そうであるならば、「大家」に通じることになる。

このように「大家」の語は、単なる女性の尊称にとどまらない意味を内包していると考えられるが、それは、「佐保の大伴大家」の石川郎女が、大伴氏の一族紐帯のなかで特別の位置を占める存在であったことを意味する。いうまでもないことであるが、それは、安麻呂の妻という位置付けだけではすまないことを意味している。ただし、石川郎女の「大家」としての影響力が、「佐保の地」という〈地域〉と「安麻呂系大伴氏」という〈血縁〉に限定されたものにとどまるか、この限定を超えるより広域の地域性と同祖の血縁関係でつながる「大氏」としての大伴氏にまで及ぶものかが重要な点である。「氏寺」大伴寺の建立や、次に述べる大伴坂上郎女の「氏神」祭り等を考慮すると、前者の限定に留まるものでないことは、指摘して大過ないと思える。

大伴一族の女性—大伴坂上郎女

大伴坂上郎女は、生没年が不明であるが、佐保大納言安麻呂と佐保「大家」石川郎女との間に生まれ、大伴旅人の異母妹にあたる。奈良時代の大伴氏を考える上で不可欠の人である。『万葉集』に収録されている歌数は八四首で、女性では最多を誇る。その「華やかな」履歴の一端は、『万葉集』中の「大伴郎女の和歌」と題した和歌（『万葉集』四巻、五二五～五二八番）の次のような左註にみえる。

右の郎女は、佐保大納言卿の女なり。初め、一品穂積《ほづみ》皇子に嫁《と》つぎ、寵を被るも儔《ともがら》（友）なし。皇子、薨する後時、藤原麻呂大夫、この郎女を娉る。郎女は坂上の里に家む。仍って、族氏号は、坂上郎女と曰ふ。

すなわち、穂積皇子と婚姻関係をもち、皇子没後、京職《きょうしき》大夫であった藤原麻呂との婚姻関係に入ったが、麻呂の死後、異母兄弟の大伴宿麻呂と婚姻し、後に大伴家持《やかもち》の妻となる坂上大嬢《おおいらつめ》を生んでいる。

最初の婚姻相手の穂積皇子は、父を天武とし、母を蘇我大蕤娘《おおぬのいらつめ》（蘇我赤兄の娘）とする皇子である。持統天皇五年（六九一）、この時浄広弐の冠位をもっていた穂積皇子は、封戸五〇〇戸を与えられ、天武系の主要王族の一人として重きをおかれ、慶雲二年（七〇五）には、忍壁《おさかべ》皇子（刑部親王）の後任として「知《ち》太《だ》政官事《じょうかんじ》」となり、太政官の統括者となっている。霊亀元年（七一五）には、一品に叙せられ、和銅八年（七一五）七月に亡くなっている。正史が記す穂積皇子の履歴は、以上に尽きるが、

『万葉集』には、大伴坂上郎女との婚姻関係が結ばれる以前の穂積皇子の婚姻関係を明示するものがあり、八世紀初頭前後の王族・貴族等の婚姻事情をうかがう上で格好の史料となっている。

　但馬皇女《たじま》、高市《たけち》皇子宮に在し時、窃《ひそか》に穂積皇子に接《あ》ふ事既に形《あらわれ》て作り御《たてまつ》れる歌一首

　人言を　繁み言痛《こちた》み　おのが世に　いまだ渡らぬ　朝川渡る（『万葉集』二巻、一一六番）

但馬皇女は、「多治麻内親王宮」（藤原宮木簡）という独自の居所・家政機関を経営しつつも、香具山周辺の「高市皇子宮」に一時居住し、婚姻関係をもっていたが、穂積皇子への想いが断ち切れず、露見したときの非難のおこることを知りつつも、「窃に」逢瀬を求めて、「いまだ渡らぬ朝川渡る」と詠っている。

近年、奈良県橿原市出合町の藤原京跡左京一・二条四・五坊遺跡から、「穂積親王宮」と書かれた木簡が出土しており、藤原京時代の穂積皇子の主要居所であるミコノミヤ（皇子宮）にかかわる資料の出土となる。坂上郎女と穂積皇子との婚姻関係が、平城遷都以前からとすると、「穂積親王宮」と記された木簡ともかかわってくるが、遷都後の短期間とも考えられる。左註の「寵を被るも儔《ともがら》なし」とあり、「儔」は「同列の仲間」を意味する語であることから、非王族である坂上郎女の婚姻環境が推測でき、この婚姻のリアリティを増している。

ともあれ、この婚姻は、関係の長短にかかわりなく、大伴安麻呂—大伴氏が天武系有力皇子と婚姻関係を結んでいる事実に着目すべきであろう。

次に坂上郎女が婚姻したとされるのが、藤原麻呂である。麻呂は、律令国家を立ち上げる時の強力な推進者の一人であった不比等を父とし、ひとたびは天武のキサキ（「夫人」）となったが、その後、異母兄の不比等の妻となった五百重娘《いおえのいらつめ》を母とする。麻呂を含む不比等の四人の子弟は、それぞれ父の不比等の封戸を基礎にして北家、南家、式家、京家の「家」をおこしたが、麻呂は京家をおこした。麻呂は、天平九年（七三七）東北からの帰国後、当時、猖獗《しょうけつ》を極めた天然痘にかかり七月十三日に薨去している。享年四三歳、参議兵部卿従三位が、極位極官である。

この麻呂と坂上郎女とは、いつ婚姻関係がはじまり、また、いつ解消されたのかが不明であるが、麻呂が筑紫に赴く神亀年間には、両者の婚姻関係は解消されていたものと考えておきたい。麻呂との婚姻関係を解消した坂上郎女は、大伴氏族の結束を固めるはたらきもある大伴氏の「氏神」祭に参加していることがわかり、その時に作った和歌も残っている。

大伴坂上郎女、神を祭る歌一首并短歌

ひさかたの　天の原より　生《あ》れ来る　神の命《みこと》　奥山の　賢木《さかき》の枝に　白香《しらか》つけ　木綿《ゆう》取り付けて　斎瓮《いわいべ》を　斎《いわ》ひ掘り据ゑ　竹玉《たかだま》を　繁《しじ》に貫《ぬ》き垂れ　鹿猪《しし》じもの　膝折り伏して　手弱女《たわやめ》の　襲《おすい》取り懸け　かくだにも　我れは祈《こ》ひなむ　君に逢はじかも（『万葉集』三巻、三七九番）

反歌

木綿畳《ゆうだたみ》　手に取り持ちて　かくだにも　我れは祈ひなむ　君に逢はじかも

右の歌は、天平五年冬十一月、大伴の氏の神に供《つか》へ祭る時、聊《いささ》か此の歌を作る。故れ、神を祭る歌と曰ふ（『万葉集』三巻、三八〇番）

この史料は、古代の氏の「氏神」祭の実態をうかがうことのできる数少ない史料の一つとされている。それは、左註が記す「冬十一月」の記述と『類聚三代格《るいじゅうさんだいきゃく》』寛平七年（八九五）十二月三日の太政官符が「諸人の氏神の多くは畿内に在って、毎年二月、四月、十一月に行っている」とする記述とが一致しているところからもいえることである。

また、「奥山の」から「襲取り懸け」までの祭祀の実際を物語る部分は、木綿・斎瓮・竹玉等の祭具とその据え方にいたるまで、『万葉集』の記す他の祭祀と多く一致する点も注目されている。

ただし、大伴坂上郎女が、こうした祭祀行為を行う女性司祭の役割を果したとみるか、大伴一族の一員としての参加なのかについては意見が分かれている。私見は、後者を妥当とするが、氏神の祭祀が、大伴一族の女性も交えてのものである点を重視したい。

左註は、この大伴氏の「氏神」祭りが天平五年十一月の時のこととしている。後述するように、氏上の大伴旅人が、天平三年七月二十五日に亡くっており、大伴氏の氏上の地位は、死去した旅人に替わって天平三年に参議となった大伴道足《みちたり》であった可能性が高い。

大伴道足は、延暦元年（七八二）二月三日条の大伴伯麻呂《おじまろ》の薨伝によれば、壬申の功臣、大伴馬来《まく》田《た》の子である。『公卿補任』や「伴氏系図」は、安麻呂の子とするが、『続日本紀』の道足の子にあたる伯麻呂の薨伝の記載に従うべきであろう。

道足が馬来田の子であったことに着目すると、大伴長徳の子の御行・安麻呂、安麻呂の子の旅人と続いた大伴氏の氏上の地位の継承が、ここで変化したことになる。

坂上郎女の「大伴の氏の神に供へ祭る時」の歌は、こうした変化を踏まえて考えられねばならないであろう。

大伴氏の一族結集の場として、安麻呂によって発願された大伴寺＝永隆寺は、旅人が完成させたものであり、同じ趣旨から「氏神」祭りもその主催者として、安麻呂や旅人らによって、毎年定められた季節に実施されていたことが推測できる。

天平五年の大伴氏の「氏神」祭りが、氏上の変更に伴って、以前と比べ変化があったか、無かったかについても不明であるが、いずれであれ、祭りの場景を定型句で重ねて描くことで「氏神」祭りの実際の一端がうかがえるのは、大変貴重である。

また、奈良県橿原市東竹田の地と推定されている「竹田庄」は、万葉集歌の三例のすべてが坂上郎女と関係して詠われている。その一例、二首をあげておこう。

大伴坂上郎女の竹田庄にして作る歌二首
然《しか》とあらぬ　五百代小田《いおしろおだ》を　刈り乱り　田廬《たぶせ》に居れば　都し思ほゆ（『万葉集』八巻、一五九二番）
隠口《こもりく》の　泊瀬《はつせ》の山は　色づきぬ　時雨の雨は　降りにけらしも（『万葉集』八巻、一五九三番）

右は、天平十一年己卯秋九月に作れるなり

こうした例を史料として、奈良時代の貴族が、平安貴族と異なり、直接生産の場である「田庄《たどころ》」と完全に切り離されていない点がこれまで指摘されてきた。これは、奈良時代の貴族一般にいえることであり、大伴氏にもあてはまるものである。

なお、竹田庄のある橿原市東竹田の地は、平城の地に遷都した後には、都から遠く離れた地になるが、飛鳥京、藤原京の時代には都と至近の距離にあったといえる。それは、平城京と佐保の地の距離と大きく変わらず、大伴氏の飛鳥京、藤原京時代の奈良南部の重要拠点のひとつであると考えられる桜井市吉備の地とも近い位置にあることに留意しておく必要があろう。

こうした「田庄」の主としても現れる坂上郎女の大伴氏一族内の位置は、『万葉集』からも推測できる。史料を以下に示しておこう。

大伴坂上郎女、親族《うがら》と宴する日に吟《うた》ふ歌一首
山守《やまもり》の　ありける知らに　その山に　標結《しめゆ》ひ立てて　結ひの恥しつ（『万葉集』三巻、四〇一番）
大伴宿禰駿河《するが》麻呂《まろ》、即ち和ふる歌一首
山守は　けだしありとも　我妹子《わぎもこ》が　結ひけむ標を　人解かめやも（『万葉集』三巻、四〇二番）
大伴宿禰家持、同じ坂上家の大嬢に贈る歌一首
朝に日《け》に　見まく欲《ほ》りする　その玉を　いかにせばかも　手ゆ離れずあらむ（『万葉集』三巻、四

〇三番）

大伴坂上郎女、親族と宴する歌一首

かくしつつ　遊び飲みこそ　草木すら　春は生《お》いつつ　秋は散りゆく（『万葉集』六巻、九九五番）

〈三巻、四〇一番〉や〈六巻、九九五番〉の和歌の題詞には、「親族」の語がみえる。大伴坂上郎女が「親族」と呼んだ人たちは、〈三巻、四〇二番・四〇三番〉の和歌の題詞にも目を配って拾い出せば、大伴坂上郎女、大伴駿河麻呂、大伴家持、大伴大嬢の四人である。これら四人の関係は七一頁の図8を参照されたい。

注目すべきことに、坂上郎女からみて、その「親族」の範囲は、娘の坂上大嬢や「同じ坂上家」（安麻呂系）の家持にとどまらず、御行系の駿河麻呂も入っていることである。題詞が示した「親族」の範囲は、ここまでであるが、八世紀の大伴氏の「親族」が実態としてさらに広い範囲を示す場合もあることは、十分に予測できることである。

これまで記したことを踏まえると、母の石川内命婦は、大伴一族の「大家」「家刀自」としての役割をはたしたが、坂上郎女が母と同様の役割をはたしたかについては軽々に判断ができないと思える。それでも坂上郎女が、大伴一族の一女性といった存在にとどまらないものであったことはいえそうである。これまで、坂上郎女は、大伴氏にとっての特別な存在である「厳媛《いつひめ》（姫）」としての位置から評価されてきたが、こうした評価も含めて改めて検討すべきであると思える。

大伴旅人

大伴旅人は、七世紀中葉の右大臣大伴長徳の孫であり、大伴安麻呂の子である。また、大伴旅人は大伴家持の父にあたることもあり、安麻呂―旅人―家持と続くこの系統の大伴氏は、『万葉集』を通じて、正史ではうかがえない一面を知ることができる。

大伴安麻呂の息子の旅人が正史『続日本紀』に最初に記されるのは、次のような、王権の威儀を荘厳する武官としての姿であり、名負《なおい》の氏にふさわしい姿である。

和銅三年（七一〇）元日、この日元明天皇は、元日朝賀を受けるため、大極殿に出御し、大極殿前の朝庭には官人だけでなく、隼人や蝦夷らも列立することになっている。すでに、皇城門の外の朱雀大路は、左将軍正五位上の大伴旅人、副将軍従五位下の穂積老《ほづみのおゆ》と右将軍正五位下の佐伯石湯《さえきのいわゆ》、副将軍従五位下の小野馬養《おののうまかい》等が、東西に分かれ騎兵を列《なら》べ隼人・蝦夷等を率いて威儀を整えている。

大伴旅人の史料は、この記事を最初にして、以後、翌年四月七日に従四位下となり、霊亀元年（七一五）正月十日に従四位上、五月二十二日には中務卿になった記事が続く。見落とせない事実は、その間の和銅七年五月に、父の安麻呂が死去していることである。安麻呂の死によって、太政官から大伴氏の存在がなくなり、その状況が三年続くが、養老二年（七一八）三月十日に旅人が中納言になったことから、大伴氏は太政官に再びその場を確保することができた。以後、旅人は、天平三年（七三一）に死去するまで太政官の一員として存在していた。しかし、子細に旅人の履歴をみていくと、これには留保をつけねばならない点も出てくる。それをみてみよう。

旅人は、養老三年正月十三日、正四位下となっている。この年、九月八日に河内国、摂津国、山背国の三ヵ国を対象とした行政監察官である「摂官《せっかん》」となっており、山背国を所管している。

養老四年二月、大宰府から九州南部の（大隅）隼人が反乱をおこし、大隅国守の陽侯麻呂《やごのまろ》が殺害されたという急報があり、急ぎその対応がとられ、三月四日に中納言正四位下の旅人が征隼人持節大将軍となり、授刀助従五位下の笠御室《かさのみむろ》、民部少輔従五位下の巨勢真人《こせのまひと》の二人を副将軍とする対応がとられている。律令にもとづく本格的な支配統治の体制が動き始め、律令国家としての形が整い始めてから間もない時期の隼人の反乱である。隼人の抵抗は激しく、容易に収まる気配がなかったが、征隼人持節大将軍の旅人は、副将軍等を南九州に残し、八月には京に戻っている。隼人の反乱が静まるのは、翌年の養老五年七月で、副将軍等が捕虜を引き連れ凱旋している（養老五年七月七日条）。

隼人の反乱のあった養老四年は、この年、五月に『日本書紀』（紀卅巻、系図一巻）が完成した年でもある。今ある律令国家の正当性を証明し、今日に到った由来を説いた『日本書紀』の完成した年に、隼人が反乱をおこしているのは、偶然とはいえ、象徴的である。この点をさらに強調する事実が、養老四年九月の（陸奥）蝦夷の反乱である。西の隼人を未だ制圧できないことに加えて、東の蝦夷が、大隅国と同様に中央から派遣された按察使《あぜち》の上毛野広人《かみつけぬのひろひと》を殺害し、不服従の叛旗を翻しているのである。なお、この蝦夷の反乱の鎮圧は、南九州から戻っていた旅人ではなく、多治比県守《たじひのあがたもり》が「持節征夷将軍」となっている。

養老四年という年には、いまひとつ見落とせない事実がある。この年の八月三日に、藤原不比等が亡くなっていることである。律令国家の形成に多大な影響を与え、『日本書紀』編纂にも深く関与したことの指摘されている不比等が、隼人、蝦夷の二つの反乱のおきた年に亡くなっているのも、偶然ではあるが、これもまた象徴的な出来事といえよう。なお、旅人が隼人の制圧の未完成にもかかわらず、勅を得て、都に戻ったのは、不比等の危篤状況と深くかかわっていると考えられる。

旅人は、養老五年正月五日に正四位下から従三位を授かっている。同日に、長屋王は従二位に、巨《こ》勢祖父《せのおおじ》、藤原武智麻呂・房前《ふささき》らは旅人と同じ従三位を授かっている。三月二十五日には、長屋王に帯刀《たち》資人《はきのとねり》が一〇人給され、旅人も藤原武智麻呂、巨勢祖父らとともに帯刀資人をそれぞれに四人給されている。

この年の末、十二月七日、元明太上天皇が平城宮中安殿で亡くなっている。元明太上天皇〈阿陪〈閇〉内親王〉は、父が天智天皇、持統女帝の最愛の皇子、草壁皇子と婚姻を結び、珂瑠《かる》皇子〈文武天皇〉をもうけたが、草壁に先立たれたため元明天皇として即位し、やがて元正天皇に譲位し、六一歳で死去したのである。この葬儀で旅人は、長屋王や藤原武智麻呂らとともに葬儀準備の指揮をとっている。

神亀元年七月十三日には、天武「夫人」であった大蕤比売《おおぬひめ》の薨去にともない、勅使としてその第に派遣され、勅旨を伝えている。大蕤比売は蘇我赤兄の女で、旅人の異母妹の大伴坂上郎女の最初の婚姻相手であった穂積皇子や紀皇女、田形《たかた》皇女の母である。

この葬儀を終えて以降、神亀年間の旅人の履歴は、正史からはつかめない。そうした時期、旅人が大宰帥《だざいのそち》（大宰府の長官）であったことを物語るのは、『万葉集』であり、それへの任官は、神亀四、五年頃であり、旅人の筑紫赴任は、妻と息子の家持、書持《ふみもち》二人を伴ったものであったと考えられている。『万葉集』は、旅人の大宰府の長官としての公的な姿ばかりでなく、その私的な一面もみることのできる史料であり、公務の合間に様々な機会をとらえて行われている宴会は、万葉研究者から「筑紫歌壇」とも評されている主要な場でもある。

そうした宴で著名なものが、天平二年（七三〇）正月十三日、大宰帥旅人邸での梅花の宴である。宴の主人は旅人であり、筑前守の山上憶良《やまのうえのおくら》や大宰少弐の小野老《おののおゆ》、造観世音寺別当の沙弥満誓《しゃみまんせい》らも参加しての宴であった。表4をみれば明瞭なように、大宰府の主要な官人と筑前、筑後、豊後、壱岐、対馬、薩摩、大隅等の国々の官人が一同に会しており、偶然の機会をとらえての宴会とは理解しにくい。都を離れ、九州を任地とした官人等の意識的な集まりとみるべきであろう。

旅人は、筑紫赴任に同行させた妻を在任中に亡くしたようで、同じ頃、夫の大伴宿奈麻呂を亡くした旅人の異母妹である坂上郎女が、筑紫を訪ねている。幼くして母を亡くした家持とその弟の書持の世話をするためとも言われているが、確証はない。

旅人が筑紫を離れるのは、『万葉集』三巻、四四六番から四五〇番の歌の題詞に、「天平二年庚午冬十二月、大宰帥大伴卿、京に向かひて上道《みちたち》する時、作る歌五首」とあり、大納言に昇格した天平二年の年末の頃である。旅人は、京に向かう路次の「鞆《とも》の浦（広島県福山市）」と「敏馬《みぬめ》の崎（兵庫県神戸市灘区）」で五首の歌を作ったが、筑紫に赴任の時にはいた妻が、京へ帰る時にはいない寂しさを二つの場でも詠んでいる。それぞれから一首だけ抜き出し記しておこう。

表4　天平２年正月の宴

大宰府　官人			
正三位	大宰府帥	主人	大伴旅人
従四位下	大宰府大弐	紀卿	紀男人
従五位上	大宰府少弐	小野大夫	小野老
従五位上	大宰府少弐	栗田大夫	栗田人上
正六位下	大宰府大監	伴氏百代	大伴百代
従六位上	大宰府少監	阿氏奥島	阿部奥島
従六位上	大宰府少監	土氏百村	土師百村
従六位下	大宰府大判事	丹氏麿	丹比？麻呂
正七位上	大宰府大典	大典史氏大原	史部？大原
正七位下	大宰府神司（主神）	荒氏稲布	？
正八位上	大宰府少典	山氏若麿	？
正八位上	大宰府薬師	張氏福子	？
正八位上	大宰府薬師	高氏義通	？
正八位上	大宰府陰陽師	磯氏法麿	磯部法麿
正八位上	大宰府筭師	志氏大道	志紀？大道
大初位上	大宰府大令史	野氏宿奈麿	？
大初位下	大宰府少令史	田氏肥人	？

国司　官人とその他			
従五位下	筑前守	山上大夫	山上憶良
従五位下	豊後守	大伴大夫	大伴三依
外従五位下	筑後守	葛井大夫	葛井大成
正六位下	筑前介	佐氏子首	佐伯子首
従六位下	壱岐守	板氏安麿	板茂安麿
従七位上	筑前掾	門氏石足	門部石足
従八位下	筑前目	田氏真上	？
大初位下	大隅目	榎氏鉢麿	榎井？鉢麿
大初位上	薩摩目	高氏海人	高階海人
少初位上	壱岐目	村氏彼方	村国？彼方
少初位上	対馬目	高氏老	？
	不明	土師氏御道	
	不明	小野氏国堅	
	不明	小野氏淡理	
		笠沙弥	満誓（笠麻呂）

我妹子が　見し鞆の浦の　むろの木は　常世《とこよ》にあれど　見し人ぞなき（『万葉集』三巻、四四六番）

行くさには　ふたり我が見し　この崎を　ひとり過ぐれば　心悲しも（『万葉集』三巻、四五〇番）

年が明け、天平三年正月二十七日には、旅人は、正三位から従二位に昇叙されたが、半年後の七月二十五日に亡くなっている。『続日本紀』は、同日条に、「大納言従二位大伴宿禰旅人薨ず。難波朝右大臣大紫長徳の孫、大納言贈従二位安麻呂の第一子なり」と記している。旅人の死に際して、その「資人」の余明軍《よみょうぐん》が歌を残しており、その時の和歌が『万葉集』に五首みえるが、そのうちの二首を題詞と左註とともにここではあげておこう。

天平三年辛未秋七月、大納言大伴卿薨《みまか》りし時の歌六首

はしきやし　栄えし君の　いましせば　昨日《きのう》も今日も　我を召さましを（『万葉集』三巻、四五四番）

遠長《とおなが》く　仕へむものと　思へりし　君いまさねば　心どもなし（『万葉集』三巻、四五七番）

右五首は、資人余明軍が犬馬の慕《したい》、心の中の感緒《おもい》に勝《あ》へずして作る歌

余明軍は、百済王族である余氏の一族に属する渡来人である。余氏は、『日本書紀』持統天皇五年（六九一）正月一日条に「正広肆百済王余禅広《ぜんこう》」の名がみえ、その後に散見する。余明軍の身分を示す「資人」とは、皇族、貴族が位階と官職に応じて国家から賜わる下級官人で、仕える主人である「本主」の警固、威儀、雑務に使役された。五位以上の有位者に支給された位分資人や中納言以上の

官職に応じて支給された職分資人があり、下級官人の子息や庶人の中から式部省を通して任命された。親王や内親王に賜った「帳内《ちょうない》」は、同趣のものである。資人の余明軍は、「犬馬之慕」（主君や親のために尽くす思い）でもって旅人に仕えた人である。こうした余明軍のような主に忠実に仕える存在は、かつては広範にみられたものである。そうした状況は、律令制原理の国家、社会への浸透によって大きく変わりつつある。

2　大伴家持と八世紀の政治史

大伴道足

天平三年（七三一）に亡くなった大伴旅人の後をうけ、大伴氏から参議となったのは、大伴馬来田の子の道足であった。

大伴道足は、前年の天平二年に「擢駿馬使《てきしゅんめし》」となり、筑紫に派遣されている。その時、旅人が大宰帥であったことから、「帥家」で歓迎の饗宴が行われている（『万葉集』六巻、九六二番、題詞・左註）。道足は、天平元年二月の「長屋王の変」後、藤原不比等の四子、武智麻呂、房前《ふささき》、宇合《うまかい》、麻呂らに交じって、天平三年に公卿となり、国政運営の一端を担っていた。その時の廟堂の構成員は、次のようである。

天平三年　　　天平十年

知太政官事　一品　舎人親王
大納言　正三位　藤原朝臣武智麻呂
中納言　従三位　阿倍朝臣広庭
参議　正三位　藤原朝臣房前
参議　従三位　藤原朝臣宇合
参議　従三位　多治比真人県守
参議　従三位　藤原朝臣麻呂
参議　正四位上　鈴鹿王
参議　正四位下　葛城王
参議　正四位下　大伴宿禰道足

右大臣　正三位　橘宿禰諸兄
知太政官事　正三位　鈴鹿王
中納言　従三位　多治比真人広成
参議　正四位下　大伴宿禰道足
参議　従四位下　藤原朝臣豊成

この天平三年の廟堂の構成は、『続日本紀』天平三年八月十一日条に「詔すらく、諸司の挙に依り、式部卿従三位藤原朝臣宇合、民部卿従三位多治比真人県守、兵部卿従三位藤原朝臣麻呂、大蔵卿正四位上鈴鹿王、左大弁正四位下葛城王、右大弁正四位下大伴宿禰道足等六人を擢《えら》び、並びに参議とす」とあるように、諸司の挙によって、宇合以下道足までの六人の抜擢を行った結果である。したがって、道足は大伴旅人の死去をうけ、廟堂から大伴氏がいなくなる可能性もあったなかでの、諸司の挙による参議就任であったといえる。その後、都を襲う天然痘の流行によって天平七年には舎人親王が亡くなり、天平九年には藤原氏の四子も相継いで亡くなり、大きく変化する。それを示すのが右に示した天平十年の廟堂構成である。天平三年の時の構成員で残っているのは、わずかに、橘諸兄（葛城王）、鈴鹿王、道足の三人である。大きな変化である。その変化は、表5にみえるように、さらに続き、天平十一年には、橘諸兄首班の下で、大伴氏は道足だけでなく、大伴吹負《ふけい》の子、牛養《うしかい》も参議となっている。ここに大伴氏は、大伴氏出身の者を廟堂に二人送ることができたのである。藤原四子の死去後の特殊事情があるとはいえ、これもまた一面で、王権―律令貴族層らの大伴氏への期待感の表れとみてよいと思える。

ただし、『続日本紀』は、天平七年九月二十八日条に、道足が「右大弁・正四位下」であることを記して以後、関係記事を載せていない。天然痘の流行した年でもあり、それによって死去した可能性も無いわけでない。それでも、『公卿補任』は、「大伴系図」や「伴氏系図」に「道足」が天平十三年に薨去したことを記すことから、天平十三年まで道足が参議であったことを推測している。

したがって、大伴氏から公卿を二人出すことが実現したが、それは長く続くものでなく、天平十一年から道足が死去した天平十二、三年までの間だけであった。その後は、表5に示したように、大伴吹負の子の牛養、さらには、大伴御行の子の兄麻呂《えまろ》が公卿として活躍する。

内舎人家持

大伴家持は、その生年が不明であり、養老二年（七一八）説と養老四年（七二〇）説のふたつが有力視されている。本書では、後者の説を支持し、家持が養老四年に誕生

		参議	正四位上	大伴伯麻呂	3
延暦元	桓武	参議	従三位	大伴家持	2
延暦2	桓武	中納言	従三位	大伴家持	2
		参議	正三位	大伴家持	2
延暦3	桓武	中納言	従三位	大伴家持	2
延暦4	桓武	中納言	従三位	大伴家持	2
延暦9	桓武	参議	従四位上	大伴潔足	1

1大伴長徳―御行系，2大伴長徳―安麻呂系，3大伴馬来田系，4大伴吹負系

したものとして、以下の叙述を行っていきたい。

家持の誕生の年は不明であるが、その死去の年ははっきりしており、延暦四年（七八五）八月二十八日、任地の陸奥国において亡くなっている。「中納言、従三位、春宮大夫兼持節征東将軍」が、亡くなった時の位階、官職であった。養老四年説に立てば、六六歳での死去であったことになる。その生年の養老四年は、元正女帝が即位して六年目にあたり、また、後に波乱の末に二度の即位をみることになる阿倍内親王（孝謙・称徳女帝）が三歳となる年でもある。阿倍内親王は、即位前の首皇子《おびと》（聖武天皇）と安宿媛《あすかべひめ》（光明皇后）との間に生まれた第一子であり、八世紀後半の波乱の多い政治状況の主役の一人でもある。

家持は、天平三年（七三一）一四歳の時、父の旅人を六七歳で亡くしている。大伴氏の氏上は、先に記したように、正四位下の大伴道足が右大弁を兼ねて参議となっていることから、道足がそれであったと考えることができる。したがって、この頃の家持は、大伴氏の一員として、少年時代を過ごしたことになる。その少年時代は、表6を参照すれば、平城遷都後の律令国家体制が軌道に乗って迎えた最初の大きな変動の時期でもある。表に掲げた人物の死去や誕生が、変動を生む大きな要因になっている。

表５　大伴氏の公卿（天平 11〜延暦９年）

年	天皇	官職	位階	大伴氏	系統
天平11	聖武	参議	正四位下	大伴道足	3
		参議	従四位下	大伴牛養	4
天平12	聖武	参議	正四位下	大伴道足	3
		参議	従四位下	大伴牛養	4
天平13	聖武	参議	正四位下	大伴道足	3
天平14	聖武	参議	従四位下	大伴牛養	4
天平15	聖武	参議	従四位上	大伴牛養	4
天平16	聖武	参議	従四位上	大伴牛養	4
天平17	聖武	参議	従三位	大伴牛養	4
天平18	聖武	参議	従三位	大伴牛養	4
天平19	聖武	参議	従三位	大伴牛養	4
天平20	聖武	参議	従三位	大伴牛養	4
天平感宝元	聖武・孝謙	中納言	正三位	大伴牛養	4
天平勝宝元		参議	従三位	大伴牛養	4
		参議	正四位上	大伴兄麻呂	1
天平勝宝２	孝謙	参議	正四位上	大伴兄麻呂	1
天平勝宝３	孝謙	参議	従三位	大伴兄麻呂	1
天平勝宝４	孝謙	参議	従三位	大伴兄麻呂	1
天平勝宝５	孝謙	参議	従三位	大伴兄麻呂	1
天平勝宝６	孝謙	参議	従三位	大伴兄麻呂	1
天平勝宝７	孝謙	参議	従三位	大伴兄麻呂	1
天平勝宝８	孝謙	参議	従三位	大伴兄麻呂	1
天平宝字元	孝謙	参議	従三位	大伴兄麻呂	1
天平宝字２	孝謙・淳仁	参議	従三位	大伴兄麻呂	1
以後，16 年間の空白					
宝亀６	光仁	参議	正四位下	大伴駿河麻呂	1
		散位	従三位	大伴古慈斐	4
宝亀７	光仁	参議	正四位下	大伴駿河麻呂	1
宝亀８	光仁	（非参議・散位）	従三位	大伴古慈斐	4
宝亀９	光仁	参議	正四位下	大伴伯麻呂	3
宝亀10	光仁	参議	従四位下	大伴伯麻呂	3
宝亀11	光仁	参議	正四位下	大伴家持	2
		参議	従四位下	大伴伯麻呂	3
天応元	桓武	参議	従三位	大伴家持	2

宝亀 5	3 月 5 日	相模守.	55歳
	9 月 4 日	左京大夫兼上総守.	
宝亀 6	11月27日	衛門督.	56歳
宝亀 7	3 月 6 日	伊勢守.	57歳
宝亀 8	正月 7 日	従四位上.	58歳
宝亀 9	正月16日	正四位下.	59歳
宝亀11	2 月 1 日	参議.	61歳
	2 月 9 日	右大弁.	
天応元	2 月17日	三品能登内親王の喪事を監護.	62歳
	3 月15日	正四位上.	
	4 月	桓武天皇，即位.	
	4 月14日	右京大夫兼春宮大夫.	
	5 月 7 日	左大弁兼春宮大夫.	
	8 月 8 日	左大弁兼春宮大夫．是より先，母の喪により，現任を解かれるが，ここに至りて復任.	
	11月15日	従三位.	
	12月23日	太上天皇崩．山作司となる.	
延暦元	閏正月19日	氷上川継に坐して，左大弁の職を解かれる.	63歳
	5 月17日	参議・従三位．春宮大夫を兼任.	
	6 月17日	春宮大夫と陸奥按察使鎮守将軍を兼任する.	
延暦 2	7 月19日	中納言．春宮大夫故の如し.	64歳
延暦 3	2 月	持節征東将軍.	65歳
延暦 4	4 月 7 日	中納言従三位兼春宮大夫陸奥按察使鎮守将軍の家持が東北情勢を奏言する.	66歳
	8 月28日	家持，死去.	
	9 月	藤原種継暗殺事件.	

表6　大伴家持略年表

年	月日	事項	年齢
養老4	8月3日	家持，誕生．右大臣藤原不比等，薨ず．	1歳
養老5	正月5日	長屋王，右大臣となる．	2歳
	12月7日	元明太上天皇，崩ず．	
神亀元	2月4日	首皇子，即位（聖武天皇）．長屋王，左大臣となる．	5歳
神亀4	閏9月29日	藤原光明子，某親王を生む．生後一ヵ月で立太子．	8歳
神亀5	9月13日	皇太子某親王（2歳），薨ず．この年，天皇と県犬養夫人の間に安積親王誕生．	9歳
天平元	2月10日	長屋王の変．	10歳
	8月10日	光明子，立后．	
天平9		この年の春～夏，天然痘大流行．武智麻呂・房前・宇合・麻呂の藤原四卿が死去．	18歳
天平16	閏正月	安積親王「脚病」により17歳で死去．	25歳
天平17	正月7日	従五位下．	26歳
天平18	3月10日	宮内少輔．	27歳
	6月21日	越中守．	
天平勝宝元	4月1日	従五位上．	30歳
天平勝宝6	4月5日	兵部少輔．	35歳
天平勝宝8	2月／5月	橘諸兄致仕　聖武太上天皇死去，	37歳
天平宝字元	6月16日	神祇大輔．	38歳
天平宝字2	6月16日	因幡守．	39歳
天平宝字3	正月	『万葉集』所載の家持の最終作歌（20巻，4516番）．	40歳
天平宝字6	正月9日	信部（中務）大輔．	43歳
天平宝字8	正月21日	薩摩守．	46歳
	9月	恵美押勝の乱．	
神護景雲元	8月29日	大宰少弐．	49歳
宝亀元	6月16日	民部少輔．	52歳
	8月	称徳天皇，死去．	
	9月16日	左中弁兼中務大輔．	
	10月	光仁天皇，即位．	
宝亀2	11月25日	従四位下．	53歳
宝亀3	2月16日	左中弁兼式部員外大輔．	54歳

大伴子虫の殺人事件

天平十年（七三八）七月十日、左兵庫少属《さひょうごのしょうさかん》である大伴宿禰子虫《こむし》という者が、右兵庫頭中臣宮処《うひょうごのかみなかとみのみやこの》連《むらじ》東人《あずまひと》を切り殺すという事件がおきた。大伴家持、一九歳の時の事件である。大伴子虫の殺人事件のことを、『続日本紀』は次のように記している。

左兵庫少属従八位下大伴宿禰子虫、刀を以て右兵庫頭外従五位下中臣宮処連東人を斫《き》り殺す。初め子虫は、長屋王に事《つか》へ頗《すこぶ》る恩遇を蒙る。是に至りて適《た》またま、東人とともに比寮に任ぜらる。政事の隙に相共に囲碁をす。語り長屋王に及び、憤り発りて罵《ののし》る。遂に剣を引き、斫りて殺す。東人は、即ち長屋王の事を誣告《ぶこく》せし人なり（『続日本紀』天平十年七月十日条）。

殺された中臣宮処東人は、左京人従七位下の漆部君足《ぬりべのきみたり》とともに、天平元年二月十日、長屋王が「私《ひそか》に左道を学び、国家を傾けんと欲す」と「告密」した、その人である。その結果、二月二十一日には、二人はそれぞれ、「外従五位下」の位階を授けられ、食封三〇戸と田一〇町を賜っている（『続日本紀』天平元年二月二十一日条）。

事件は、長屋王「謀反」の密告をした一〇年後におこっている。右兵庫頭となった中臣宮処東人と長屋王の恩遇をうけていた左兵庫少属の大伴子虫の二人が、仕事の合間に囲碁をした時、話が長屋王に及ぶと子虫の憤りは爆発し、遂には刀を抜き、東人を切り殺してしまった。囲碁の際に話が及んだ長屋王の件も詳しくはわからないし、子虫の憤りの具体的な内容も不明である。

それでも、大伴子虫は、かつて長屋王家に「事《つか》」え、「恩遇」を深く蒙っていたことが、長屋王の

「謀反」を誣告した中臣宮処東人の殺害にまで及んだ深奥の理由であったであろうことを推測するのは難しいことではない。

他方、国家を傾ける「謀反」の兆候があれば、いち早く告発するのが、官僚としての務めである。誣告という極端な点を差引けば、整備された官僚制を生みだした時代に相応しい官僚は、東人のような存在である。こうした存在は、古代国家の官僚制がシステムとして整ってくる中で確実に生みだされてくるものである。

中臣宮処東人を殺害した大伴子虫のその後については、史料もなくわからない。また、子虫と家持との関係も大伴氏の「同族」といった程度のことしかわからない。それでも、この事件は、一九歳となった家持に強い刺激を与えたものと思える。それは、内舎人として出仕した家持をみることで推測できることである。それを次にみてみよう。

家持の出仕

大伴家持が律令国家の官僚として出仕した正確な年次は不明であるが、家持の初めての出仕は、内舎人であったと考えられている。それは、『万葉集』に「内舎人」で二五歳の家持が、安積《あさか》皇子の死去に伴って、天平十六年（七四四）二月と三月に献じた挽歌六首が収録されていることからもわかる。

十六年甲申春二月、安積皇子薨《みまか》りし時、内舎人大伴宿禰家持の作れる歌六首

かけまくも　あやに畏《かしこ》し　言はまくも　ゆゆしきかも　我が大君　皇子の命　万代に見したまは

まし　大日本　久邇《くに》の京《みやこ》は　うち靡《なび》く　春さりぬれば　山辺には　花咲きをを り　川瀬には　鮎子さ走り　いや日異《け》に　栄ゆる時に　およづれの　たはこととかも　白栲《しろたえ》に　舎人よそひて　和束山《わづかやま》　御輿《みこし》立たして　ひさかたの　天知らしぬれ　臥いまろび　ひづち泣けども　為むすべもなし（『万葉集』三巻、四七五番）

反歌

我が大君　天知らさむと　思はねば　おほにそ見ける　和束杣山《そまやま》（『万葉集』三巻、四七六番）

あしひきの　山さへ光り　咲く花の　散りぬるごとき　我が大君かも（『万葉集』三巻、四七七番）

右三首、二月三日に作れる歌

かけまくも　あやに畏し　我が大君　皇子の命の　もののふの　八十伴《やそとも》の男《お》を　召し集へ　率《あど》ひたまひ　朝狩に　鹿猪《しし》踏み起し　夕狩に　鶉雉《とり》踏み立て　大御馬の　口抑へとめ　御心を　見し明らめし　活道山《いくじやま》　木立の茂に　咲く花も　うつろひにけり　世間《よのなか》は　かくのみならし　ますらをの　心振り起し　剣太刀　腰に取り佩《は》き　梓弓《あずさゆみ》　靫《ゆき》取り負ひて　天地と　いや遠長に　万代に　かくしもがもと　頼めりし　皇子の御門の　五月蠅《さばえ》なす　騒く舎人は　白栲に　衣取り着て　常なりし　笑ひ振舞ひ　いや日異《け》に　変らふ見れば　悲しきろかも（『万葉集』三巻、四七八番）

反歌

はしきかも　皇子の命の　あり通ひ　見しし活道の道は　荒れにけり（『万葉集』三巻、四七九番）

大伴の　名に負ふ靫　帯びて万代に　頼みし心　いづくか寄せむ（『万葉集』三巻、四八〇番）

右三首、三月廿四日に作れる歌

安積皇子は、天武天皇と県犬養広刀自《あがたのいぬかいのひろとじ》との間に生まれた皇子である。天平十六年の難波行幸に従駕の途上、「脚病」となり、恭仁京《くにきょう》に戻ったが、急死した。その死を不自然とみれば、天平十年正月に立太子した阿倍内親王への王位継承を不安定なものにする危険から、恭仁京留守司《るすのつかさ》であった藤原仲麻呂による暗殺を考える説もある（横田健一「安積親王の死とその前後」『白鳳天平の世界』創元社、一九七三年）。

暗殺を明瞭に示す史資料があるわけではない。それでいて、多くの研究者が暗殺説を支持するのは、当時の王権をめぐる政治環境の理解が深まったからである。それは、藤原氏と王権との関係の深さが、正確に理解されるようになったためでもある。文武天皇への藤原宮子、聖武天皇への藤原安宿媛（光明子）の入内は、その端的な例である。内舎人とは、中務省に属する天皇―王権に近侍し仕える文官《ぶんかん》である。五位以上の子孫（二一歳以上）の中から聡敏端正の者、九〇人を選び、任用した。その職務は、帯刀して宮中に宿衛し、雑使を務め、行幸の前後を分衛するものであった。大伴氏の主流の子息が仕えるにふさわしい官といえよう。

二五歳の青年家持が、「挽歌」の形式を踏んで歌を献じていることに、目を向けるべきであろう。家持が、将来を嘱望された安積親王の突然の死の背後に不自然なものを感じ取っていたかについては不明であるが、前記した三巻、四八〇番の和歌（「大伴の　名に負ふ靫　帯びて万代に　頼みし心　いづくか寄せむ」）に示されているように、安積親王への献歌は、親王への「犬馬の情」を表明したものであり、それはまた、草壁皇子の死去に伴う挽歌や天武天皇の皇子らの死去に伴う挽歌を強く意識したものと考えられるのである。

この歌の作られた年の翌年にあたる天平十七年正月七日、大伴家持は同族の大伴古麻呂《こまろ》とともに従五位下に叙せられている。平城宮、難波宮、はたまた恭仁宮と王宮が流動していることに象徴されるように、政治変動が激しくなっていく時代状況にどう対応していくかが問われる古代貴族として、大伴家持は、本格的なスタートを切ることになる。

「内兵」への期待

天平二十一年（七四九）二月二十二日、陸奥国から黄金が採掘され献上されている。これは、盧舎那大仏への鍍金の目処も立ち、造立事業の完成も近づいたことを感じさせる吉事である。聖武天皇は、四月十四日に黄金＝「宝」の出現を寿ぎ、天平二十一年を改め、天平感宝元年とする改元を行っている。四月一日、聖武は、詔を出し、陸奥からの産金を喜ぶだけでなく、佐伯氏と大伴氏の氏名《うじな》をあげて、次のように述べ、名負の氏としての歴史を自覚し、これからも変わらぬ忠誠を尽くすことを求めている。

大伴・佐伯宿禰は、常も云はく、天皇《みかど》が朝守り仕へ奉る、事顧みなき人等にあれば、汝たちの祖《おや》どもの云ひ来らく、海行かば、みづく屍、山行かば草むす屍、王のへにこそ死なめ、のどには死なし、と云ひ来る人等となも聞こし召す。是を以て遠天皇《とおすめろぎ》の御世を始めて、今朕が御世に当りても**内兵**《うちのいくさ》と心の中のことはなも遣す。故是を以て子は祖の心成《な》すいし子には在べし。此の心失はずして明き浄き心を以て仕へ奉れとしてなも男女并せて一二治め賜ふ（後略）（『続日本紀』天平勝宝元年四月十四日条）。

詔は、大伴・佐伯の両氏が「大王・天皇―王権を守るために、ひたすら仕えてきた人等」であることは、天皇をはじめ世の人も云うことであり、それは古くから聖武統治の今に至るまで「内兵」として、頼もしいものと思ってきたことを述べている。この詔は、三ヵ月後に迫った七月の聖武の譲位、阿倍皇太子（孝謙天皇）の即位という王位継承の実行に伴う不平・不満を意識してのものであろう。後におこる橘奈良麻呂「謀反」計画事件の全貌をみれば、大伴・佐伯両氏からの計画への参加が多くみられ、不平・不満の鎮静化をはかったものとみるのは、充分に理由のあることである。

聖武の詔にみえた「内兵」の語は、橘奈良麻呂の「謀反」計画の露呈・関係者の拘束の進行している最中に光明「皇大后」から出された「詔」を記す天平宝字元年（七五七）七月二日条の中にもみられる。

詔畢《おわ》りて、更に右大臣以下の群臣を召し入れて、皇大后、詔して曰はく、汝たち諸は吾が近き姪《おい》なり。また竪子卿《わらわまえつきみ》等は天皇が大命以て汝たちを召して屢《しばしば》詔りたまひしく、朕が後に太后に能く仕へ奉り助け奉れと詔りたまひき。また、大伴・佐伯の宿禰等は、遠天皇の御世より**内兵**として仕へ奉り来。また大伴宿禰等は、吾が族にも在り。諸《もろもろ》同じ心にして皇《すめら》が朝《みかど》を助け仕え奉らむ時に、如是《かく》の醜事《しこごと》は聞えじ。汝たちの能《よ》からぬに依りてし如是《かく》在《あ》るらし。諸明き清き心を以て皇が朝を助け仕へ奉れと宣りたまふ（『続日本紀』天平宝字元年七月二日条）。

律令制下では、天皇の近衛の軍隊として、五衛府が存在している。だが、二つの詔は、そうした律令軍制への期待でなく、「内兵」への期待と信頼を吐露している。この点が重要である。大伴氏と佐伯氏の人々を「内兵」と思い、期待も信頼もしていると述べる詔は、かつての「軍事氏族」大伴氏・佐伯氏という理解に寄りかかりすぎの面があるが、他氏族と比べると、二つの氏族に強い氏族的結合のあることを証明しているのかもしれない。

天皇・皇太后からも「内兵」と期待もされていた大伴氏が、その氏族的結合の強さ故に、ひとたび政治抗争に巻き込まれたり、仕掛けたりして、敗北に陥ると、縁座によって関係者を広げることが多く、そのダメージは大きい。奈良時代の後半から平安時代初期の大伴氏の歴史は、このことを検証していく歴史でもある。

橘諸兄の致仕

左大臣正一位の橘諸兄は、天平勝宝八年（七五六）二月二日に致仕を願い出て、許されている。だが、この辞職願には、諸兄にとって、出さねばならない事情があった。それは、前年の天平勝宝七年十一月、聖武太上天皇が病気になった時、諸兄に近侍していた佐味《さみ》宮守《みやもり》が、酒宴の席での諸兄の言に太上天皇への批判ととれる発言のあったことを密告（「告」）したことを後日に知ったからである。諸兄の最も近くにいた者が、主人に覚《さと》られずに、その発言・行状を探り、「告」していたのである。この場合は、聖武太上天皇の「優容」もあり、咎めはなかったが、長屋王の「謀反」の告言があった時は、天皇の「優容」もなく、長屋王家はほぼ壊滅状態となっている。諸兄のショックは、そうしたことが、我が身にもおこりうることであり、それも自分の信頼していた近臣の密告によって、生じることがわかったからである。諸兄は、翌年の天平宝字元年（七五七）正月六日に亡くなっているが、深い失意の中での致仕であり、死であったといえよう。ちなみに、密告した宮守は、他の密告人と並んで褒賞され、従八位上から飛躍的な「特進」をとげ、従五位下に叙せられている（『続日本紀』天平宝字元年七月五日条）。これらをみれば、老齢となっていた諸兄は、計画的に引きずり下ろされたものと考えられるのである。

天平八年（七三六）十一月十一日に従三位の葛城王と従四位上の佐為《さいおう》王等が上表し、十七日に「皇族の高名を辞し、外家の橘姓を請う」ことが許され、臣籍に降下し、橘朝臣として国政を担うようになった。その時、聖武天皇と光明皇后らによる宴が「皇后宮」で行われており、その場で作られた聖武の「御製歌」が『万葉集』に収められている。

冬十一月、左大弁葛城王等に姓橘氏を賜ひし時の御製歌一首

橘は　実さへ花さへ　その葉さへ　枝に霜降れど　いや常葉の木（『万葉集』六巻、一〇〇九番）

（左註　略す）

橘宿禰奈良麻呂の詔に応ふる歌一首

奥山の　真木の葉しのぎ　降る雪の　降りは増すとも　地に落ちめやも（『万葉集』六巻、一〇一〇番）

橘の姓を新たに背負って出発する諸兄と佐為に、聖武は、「橘は実までも、花までも、その葉までも、枝に霜が降ってもいよいよ栄えるめでたい木である」と門出を寿き、それに応えて、諸兄の息子の橘奈良麻呂が、「奥山の真木の葉を押さえて、降り積もる雪が、いよいよ降り積もろうとも、この橘の実は、地に落ちることがあろうか。落ちはしない」と自負に満ちた応答をしている。

しかし、こうした歌とは裏腹の事態が進行し、藤原四子の相継ぐ不慮の病死をうけて出発した橘諸兄を首班とする体制は、その中心人物の諸兄が近臣の密告にショックを受けて、致仕に追い込まれ、瓦解している。さらに、天平宝字元年正月の諸兄の死を待つかのように、その年の七月、子息の奈良麻呂が、三度にわたる「謀反」計画を企てた疑いで捕縛され、自白強要の拷問の末に「杖下」に死んでいる。橘氏を賜姓されて四半世紀にも満たない「栄華」からの顚落である。

族に喩す歌

『続日本紀』天平勝宝八年（七五六）五月十日条によれば、この日、出雲守・従四位上の大伴古慈斐《こしび》が、朝廷を誹謗し、人臣の礼に欠けるとのことから左右衛士府に拘束されている。『万葉集』の「族に喩す歌」の左註によれば、それは、淡海《おうみのみ》三船《ふね》の讒言とのことである。家持は、その時、大伴一族の人々に対し自重と名負の氏族としての名誉の保守を呼びかけている。それが著名な「族に喩す歌」である。

族に喩す歌一首短歌を幷せたり

久方の　天の門《と》開き　高千穂の　岳に天降《あも》りし　皇祖《すめろき》の　神の御代より　はじ弓を　手握り持たし　真鹿子矢《まかごや》を　手挾み添へて　大久米の　ますらたけをを　先に立て靫《ゆき》取り負《お》ほせ　山川を　岩根さくみて　踏み通り　国求《ま》ぎしつつ　ちはやぶる　神を言向け　まつろはぬ　人をも和《やは》し　掃き清め　仕へまつりて　蜻蛉島《あきづしま》　大和の国の　橿原の　畝傍《うねび》の宮に　宮柱　太知り立てて　天の下　知らしめしける　天皇の　天の日継と　継ぎてくる　君の御代御代　隠さはぬ　明き心を　すめらへに　極め尽して　仕へくる　祖《おや》の官《つかさ》と　言立てて　授けたまへる　子孫《うみのこ》の　いや継ぎ継ぎに　見る人の　語り継ぎてて　聞く人の　鏡にせむを　あたらしき　清きその名ぞ　おぼろかに　心思ひて　空言《むなごと》も　祖の名絶つな　大伴の　氏と名に負へる　大夫《ますらお》の伴（『万葉集』二〇巻、四四六五番）

磯城島《しきしま》の　大和の国に明らけき　名に負ふ伴の男　心つとめよ（『万葉集』二〇巻、四四六六番）

剣太刀　いよよ磨ぐべし　古《いにしえ》ゆ　さやけく負ひて　来にしその名ぞ（『万葉集』二〇巻、四四六七番）

右は淡海真人三船の讒言に縁りて、出雲守大伴古慈斐《こしび》宿禰解任せらる。是を以ちて家持が此の歌を作れり。

この時、家持三七歳。従五位上の家持より年長の者に、位階が従四位上であった大伴古慈斐がいる。古慈斐は、位階も四階高く、年齢も二十余歳の年長である。この頃の大伴氏の氏上は、参議となっている従三位の兄麻呂であり、その兄麻呂も年長である。これらのことから、この「族に喩す歌」は、家持が最年長ないし「氏上」の立場で作ったものでないことに留意しなければならないであろう。それでいて、大伴一族の「長老」的存在の古慈斐が、「讒言」にあって出雲守を解任させられている状況を考えれば、この歌は、家持が自身も含む大伴氏の「族」に向かって強く喩す必要を感じる「危機」をもったが故に作られた歌であったと思えるのである。

この歌の作られた天平勝宝八年は、藤原四子体制に替わって国政を担った橘諸兄が二月に「致仕」し、五月二日には聖武太上天皇が亡くなっているように大きな変化がおきている。この時、大伴家持は、橘奈良麻呂の「謀反」計画を知っていたであろうか。この事件は、多数の拘禁者がでているが、その中に家持の名をみないことから、関係者の圏外の位置にいたものと推測できる。「族に喩す歌」は、そうした位置にいたからこそ作れた歌とみることもできるであろう。

橘奈良麻呂の「謀反」計画

天平宝字元年（七五七）七月の橘奈良麻呂の「謀反」計画の発覚は、「橘奈良麻呂の変」とも呼ばれている。奈良麻呂による「謀反」計画は、密告によって露呈したが、計画そのものはでっち上げではない。その「謀反」計画は、天平宝字元年七月二日の夜、藤原仲麻呂（「内相」）邸を兵で囲み、仲麻呂を殺害した上で、皇太子を退け、皇太后宮にある鈴璽《れいじ》を奪い、仲麻呂と仲違いしている兄の右大臣藤原豊成を召して号令をかけ、その後に、天皇を廃帝とし、四人の王から新皇を選ぶというものである。奈良麻呂は、「内相の行政、甚だ無道多し。故《か》れ先ず兵を発し」として、まず兵を発した後に人心を得ることを考え、大伴氏だけでなく、佐伯氏や家持の母の出身氏族である多治比氏らの大伴氏と同様の軍事に長けた氏族に計画をもちかけている。

『続日本紀』天平宝字元年七月四日条が記す佐伯全成《またなり》の供述によれば、橘奈良麻呂が、聖武太上天皇の病状のよろしくない状態が長く続いており、「今、天下は乱れ、人心は定まっていない。もし、他氏が王を立てるならば、我が一族は滅んでしまうであろう。(そうであるから)願はくは、大伴氏と佐伯氏の一族を率いて決起し、黄文王《きぶみおう》を君(天皇)に立てて、他氏に先んじ、万世の基としよう」と呼びかけたという。父橘諸兄を亡くしたことで、「万世までも栄える」と豪語した奈良麻呂は、藤原仲麻呂の台頭に危機感をいだき、このままでは橘氏の滅亡を招くだけでなく、他の伝統氏族も同様の運命となることを強く主張した。こうした奈良麻呂の主張は、拘禁後の勅使の取り調べでのやりとりで、簡単に反駁される体制批判でしかない甘さもある。全成は、こうした奈良麻呂の言に簡単に頷かなかったが、計画への与同者としての扱いをうけ、それを恥として自殺している。

密告をうけて、「謀反」計画の関係者として拘禁を受けた者は、多数にのぼった。佐伯氏は、全成も含めて二名であるが、大伴氏から七人、多治比氏から五人もの多数の「謀反」計画の関係者を出している。佐伯氏、大伴氏、多治比氏は、いずれも伝統的な軍事氏族であり、大王近侍の「門号氏族」

（大王・天皇に近侍する象徴として、王の居住する宮城の外郭に設けられた門を警護する役割を担った一二の氏族）であり、数こそ一名と少ないが、小野氏や賀茂氏も伝統的な氏族である。表7は、謀反計画にかかわった主な者をあげたが、その他、与同した人の中でも獄中で死去した者もおり、嫌疑を受けて配流となった者もいて、さらに縁座した者までを含めると事件関係者は四五〇人近くに及んでいる（『続日本紀』宝亀元年〈七七〇〉七月二十三日条）。

大伴氏は、「橘奈良麻呂の変」に多数の関与者を出し、そのダメージは大きいものがある。だが、『続日本紀』がその子細を記さなかったため、曖昧となっている点が多い。そうした一例として、大伴兄麻呂の場合がある。大伴兄麻呂は、天平勝宝元年（七四九）から「参議」となり、「謀反」計画の発覚した天平宝字二年でもって「参議」をおえている。この符合から『公卿補任』は、天平宝字二年の大伴兄麻呂の項に、「謀反」と記し、事件の関係者とみている。大伴氏を代表する「参議」であった点が考慮されて、「謀反」計画への与同を持ちかけられたものと思える。

兄麻呂は、生没年不詳であるが、大伴御行の子、天平三年（七三一）に従五位下・尾張守となり、天平勝宝元年七月の孝謙天皇の即位に伴い参議となっている。この年八月、紫微中台《しびちゅうだい》が設置されると、長官（紫微令）の藤原仲麻呂の下に位置する次官（紫微大弼）となっている。藤原仲麻呂の台頭期に、参議として廟堂に列し、大伴氏の氏上としての役割も果たしていたと考えられる。このように、多数の大伴氏の者が事件に関与している事実は動かないが、他方で、大伴稲公《いなきみ》が、「賊徒」らにかかわらなかった「仕奉」を賞され正五位上から従四位下に昇叙されていることも見落とすべきでないであろう。稲公は、旅人の「庶弟」(『万葉集』四巻、五六七番題詞)にあたり、家持や古麻呂からみれば、叔父と考えられる人である。

表7　橘奈良麻呂の乱処分者

名	官職	備考
橘奈良麻呂	右大弁・参議	「杖下に死す」
安宿王	讃岐守	佐渡国へ配流．のち免罪．
黄文王		「杖下に死す」
塩焼王		7.27 免罪．
道祖王	前年廃太子	「杖下に死す」
大伴池主	式部少丞	
大伴兄人		
大伴兄麻呂		
大伴古慈斐	土佐守	任国土佐国へ配流．のち免罪．
大伴古麻呂		「杖下に死す」
大伴駿河麻呂		7.4 配流（のち免罪）．
大伴村上？	民部少丞	日向国配流．神護景雲二年免．
小野東人		「杖下に死す」
賀茂角足		「杖下に死す」
佐伯古比奈		
佐伯大成	信濃守	任国信濃へ配流．
佐伯全成	陸奥守兼鎮守副将軍	供述後，自経．
多治比礼麻呂		
多治比犢養		「杖下に死す」
多治比国人	遠江守	伊豆配流．
多治比鷹主		
多治比広足	中納言	8.4 解任散位．
調馬養？		天平神護元年無位より復位．
調牛養？		
答本忠節	侍医（薬師）	
藤原乙縄		7.9 拘禁 7.12 左遷（のち復帰）．
藤原豊成	右大臣	7.12 左遷（のち復帰）．
山田比売島	もと孝謙天皇の乳母	8.2 隠匿罪により宿禰剝奪．

事件収束後の褒賞は、稲公だけでなく、関係者を大伴氏同様に多数出した佐伯氏や多治比氏にも及んでいる。中納言の多治比広足《ひろたり》は、「(お前は、) 高齢で公卿の列に連なっているが、一族の沢山の「姪《おい》」らを教導できずに「賊徒」にしてしまっている。(そんなお前はどうして) 公卿の列に居ることができようか……。(一刻も早く) 中納言を辞し、散位の身となって第に帰りなさい」と叱責を受けている(『続日本紀』天平宝字元年八月四日条)。古代の国家・王権は、忠実に「仕奉」する官僚を不断に再生産していくためにも、他方で、「氏上」による一族の強い統率を期待しなければならなかったのである。ここには、そのことが端的に表れている。

なお、宝亀八年九月十八日、内大臣従二位勲四等の藤原良継《よしつぐ》(宿奈麻呂、式家藤原宇合の子、広嗣の弟) が亡くなっている。その薨伝によれば、良継は、従四位下佐伯今毛人《いまえみし》、従五位上石上宅嗣《やかつぐ》、大伴家持等らと共謀して、台頭著しい同族の恵美押勝《えみのおしかつ》の殺害をはかったが、密告にあい、拘束され取り調べを受けることになった。その時、良継は、単独犯を主張し続け、家持等の名前を出さなかったとしている。史料は、良継が天平宝字八年におこった恵美押勝の乱の二年前に処分されたことを記していることから、天平宝字六年頃におきた事件となる。しかし、この事件をうかがわせる記事は、『続日本紀』本文にはみえず、かつ家持ら三人の「共謀」の者の履歴にもそれを推測させるものがない。したがって、奈良麻呂による「謀反」計画摘発後のいまひとつの恵美押勝殺害の謀議とみることもできるが、家持等を巻き込んでの事件そのものの存在を疑うこともできると思える。

事件の歴史的背景

橘奈良麻呂が、「謀反」を計画した動機は一つでない。藤原仲麻呂の専制に対する不満があり、仲麻呂の「強権」を担保している王権との強い絆も、奈良麻呂にはなかった。橘諸兄の息子の奈良麻呂を「謀反」に駆り立てた事情は、奈良時代中頃の古代王権の変化と深部でかかわっている。この点に深くかかわることから、聖武天皇が譲位し、阿倍皇太子が孝謙天皇として即位した天平勝宝元年（七四九）以降、称徳天皇の死去をうけて光仁天皇が即位する宝亀元年（七七〇）までの王権構成の推移をみておこう。

12―天智・天武の皇観

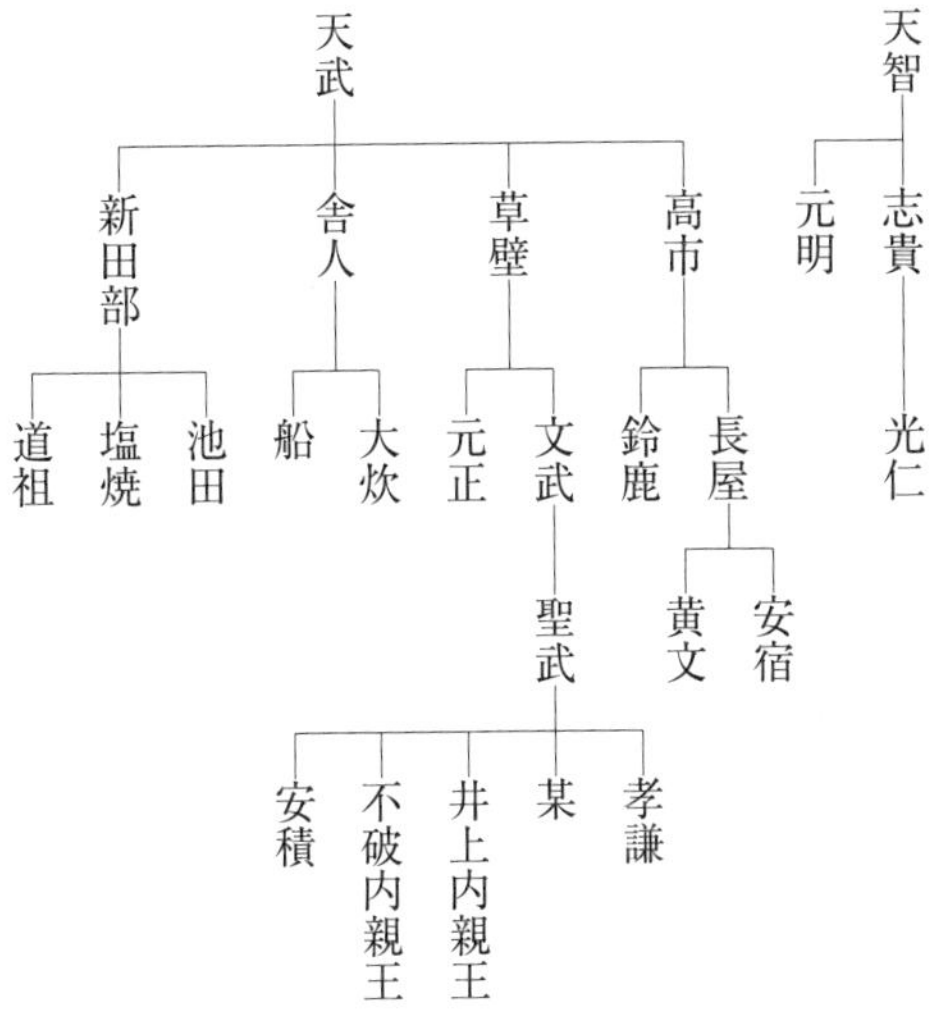

聖武天皇の譲位は、これまで皇極・持統・元明・元正らの女帝だけが行っていた譲位を、男帝も行った点にその歴史的な意義があり、かつ太上天皇としてその影響力は大きなものであった。また、孝謙女帝の即位は、草壁嫡系の聖武の内親王という点で血統上の支障はなく、天皇となるべき者が踏むべき必須の階梯として位置付けた皇太子も経験した上で、前帝聖武による「禅譲」を受けたものであった。そうであるにもかかわらず、天平十七年（七四五）九月の聖武の「不予」以来、橘奈良麻呂の「謀反」計画が進行している点をみると、孝謙女帝の在

位は、不安定な面をもっている。加えて、「女帝不婚」の先例が、孝謙にまで及んでいるとすれば、「不婚」の孝謙に「ヒツギノミコ」の誕生を期待することができない。古代貴族は、こうした事情を知っているが故に、孝謙女帝（聖武太上天皇・光明皇太后）の王権が誰を皇太子にするかを注目していた。天平勝宝三年十月に、聖武太上天皇が「不予」に陥り、天平勝宝五年四月には光明皇太后も「不予」に陥り、天平勝宝六年七月には宮子太皇太后が死去している。

天平勝宝八年二月には、先に記したように、奈良麻呂の父の左大臣橘諸兄が「致仕」し、五月には聖武太上天皇が遺詔を残し、五六歳で死去している。衆人が注目していた皇太子は、遺詔で天武の孫、新田部《にいたべ》親王の子である道祖王《ふなどおう》とされ、道祖王が立太子することとなる。未定であった皇太子が道祖王に決まり、律令国家は安定化すると思われていたが、天平宝字元年（七五七）三月二十五日、道祖皇太子は、あっさりと廃されてしまう。

道祖王の廃太子によって、立太子問題は、振り出しに戻され、孝謙天皇は、改めて、道祖王に代わる皇太子を群臣に諮問している。右大臣藤原豊成と中務卿藤原永手《ながて》は道祖王の兄の塩焼王、摂津大夫の文室珍努《ふんやのちぬ》と左大弁大伴古麻呂は池田王を推挙した。藤原仲麻呂は「天皇の択ぶ所を奉るのみ」として、特定の名をあげなかったが、意中の候補として大炊王《おおいおう》を擁していた。その大炊王が四月には、立太子している。橘奈良麻呂の「謀反」計画が発覚するのは、七月である。これらの動向を踏まえれば、先に記した橘奈良麻呂の供述は、よりよく理解できるはずである。

皇太子の制度は、「国の固め」「国の鎮め」と期待されて制度化されたものであった。だが、八世紀以降の王位継承の焦点が、誰を皇太子にするかという立太子問題に移ったことで、期待と異なり、古代貴族の紛争の発火点となっている。道祖王廃太子事件以後、一度、位についた皇太子を退位させる政治変動が、他戸《おさべ》皇太子（光仁朝）、早良《さわら》皇太子（桓武朝）、高丘《たかおか》皇太子（嵯峨朝）、恒貞《つねさだ》皇太子（仁明朝）等の廃太子事件として、おおよそ一世紀の間に五例おきている。廃太子事件は、「律令支配階級の個別利害の激突が生み出した新しい質の政治的事件」と評価できるものなのである（荒木敏夫『日本古代の皇太子』吉川弘文館、一九八五年）。

天平宝字二年八月一日、孝謙女帝は四一歳で譲位し、大炊王が淳仁天皇として即位する。藤原仲麻呂は、太保《たいほ》（右大臣）となり、「恵美押勝」の名を賜り、王権は淳仁天皇―孝謙太上天皇―光明皇太后の構成となり、仲麻呂が太保として太政官を主導する新体制がスタートすることになる。

だが、この体制が隙を生むのに時間はかからなかった。天平宝字四年六月七日、これまで孝謙太上天皇と仲麻呂とをブリッジしていた「天平応真仁正《てんぴょうおうしんにんしょう》皇太后」（光明子）が亡くなると、両者の隙は年をおって大きくなり、天平宝字六年には、決定的なものとなっている。すなわち、その年の六月三日、孝謙太上天皇は、五位已上を朝堂に集め、詔を発して、自分は出家し、仏弟子となるが、「政事《まつりごと》は常の祀《まつり》、小事《いささけきこと》は今の帝行い給へ、国家《みかど》の大事《おおきこと》、賞罰二の柄《とも》は朕行はむ」として、「国家の大事」を掌握することを宣言している。これで、淳仁天皇は「小事」にしかあずからない地位（皇太子の地位に相当）に転落することになり、「大事」を決裁できない存在では、もはや「天皇」といえるものでなくなっている。

天平宝字八年九月、恵美押勝（藤原仲麻呂）はクーデターを仕掛けたが失敗し、近江で敗死した。恵美押勝の乱後、淳仁にも追撃の手が延び、十月廃位され、親王に降格された上で淡路に退けられ、孝謙太上天皇が称徳天皇として重祚する。不婚の女帝称徳は、その即位時にすでに太上天皇・皇太后であった父母を亡くしており、さらには皇太子も定めない孤立した王権を、淳仁の廃帝化以後、宝亀元年までの六年にわたって維持してきた。八月四日、称徳は内裏内の西宮寝殿で死去した（五三歳）。称徳の六年間の王権は、天皇のみの極限状況であった。孝謙が、阿倍内親王であった皇太子時代の一〇年間が、聖武天皇―元正太上天皇―光明皇后―阿倍内親王―（宮子太皇太后）によって構成される「王権の多極構造」を示していた時と比べると、王権構造の激変である。

これは、称徳の死によって王権の極限状況はさらに進み、天皇独りのみであった王権は、ここにその極を全く失う事態を招くことになった。事態に直面した日本の古代貴族は、六〇歳を過ぎた天智の孫の白壁王《しらかべおう》を称徳死後即日に立太子させ、十月一日に即位させている。これは、古代貴族が王権への屈従によって王権の空白を埋める途を選択したことを意味するもので、王制から貴族による共和制に移行した古代ローマの歴史とも異なり、また、楊堅《ようけん》（隋―文帝）、李淵《りえん》（唐―高祖）を生みだした中国の歴史とも異なる途を選択したことになるのである。

王権の変化をおって記述してきたが、家持を主にした大伴氏の歴史に記述を戻そう。

歌わぬ家持

大炊王が淳仁天皇として即位した天平宝字二年（七五八）、三九歳となった大伴家持は、六月十六日に因幡守に任じられ、京を離れている。任地因幡で年を明かした家持は、天平宝字三年、因幡の国庁に勤める役人や管轄下の諸郡の郡司等と新年の宴を催している。幸い、その時の家持の歌が残っている。

三年春正月一日、因幡国の庁にして、饗を国郡司等に賜ふ宴の歌一首

新《あらた》しき　年の初めの　初春の　今日降る雪の　いやしけ吉事《よごと》（『万葉集』二〇巻、四五一六番）

（新年の初めの今日、めでたく降る雪のように、いよいよ吉事の重なれかし）

右の一首は、守大伴宿禰家持作れり

天平宝字三年春正月に任国の因幡国で作ったこの歌が、『万葉集』に収録した大伴家持の歌の中では年代的に最後のものとされている。以後、家持の生涯は、「歌わぬ家持」の時代となる。新しき年を迎えて、王権―国家にとって「吉事」が沢山生まれますように……との家持の想いは、藤原仲麻呂の力がいっそう強化されてくる状況下、複雑であったはずである。

家持は、因幡守を務める四年の任が解けると、京にもどるが、信部（中務）大輔の任はわずか二年で、恵美押勝の乱のおこる天平宝字八年は、正月に薩摩守となっており、薩摩の地で恵美押勝の敗死の事実を知ったことになる。

家持の京での任は、称徳天皇が亡くなり、光仁天皇が即位した宝亀元年（七七〇）からである。この年、九月に左中弁兼中務大輔となり、十月一日、光仁即位の日に正五位下に昇叙されている。この昇叙は、家持にとって、長く続いた見えない圧力が消えた瞬間であったと思える。このように記すのは、次のような事情があるからである。すなわち、家持は、天平勝宝元年（七四九）四月一日に従五位上に昇叙されたが、その時、三〇歳であった。その後、家持は律令貴族として中央、地方の職務に携わっているが、光仁天皇が即位する宝亀元年十月一日にいたるまで、一つ上の位階であり、通常、四年も務めれば得られるはずの「正五位下」に昇叙されることはなかった。

家持は、二二年間、五二歳となるまで、五位の位階に止まっていたが、大伴氏は、兄麻呂が天平宝字二年をもって「謀反」を理由に参議からはずされると、以後一六年間にわたって参議を出すことがなかった。大伴氏が再び参議を出すようになるのは、光仁朝の宝亀六年であり、御行の孫、兄麻呂の子にあたる駿河麻呂が参議となっている。次いで、宝亀九年正月九日からは、馬来田の孫、道足の子で、「宮内卿正四位下兼越前守大伴宿禰伯麻呂」が参議となり、二年後の宝亀十一年には、伯麻呂だけでなく、家持も参議に任じられている。延暦元年（七八二）、伯麻呂が六五歳で亡くなり、大伴氏からは家持一人が参議として残ることになるが、閏正月の氷上真人川継《かわつぐ》「謀反」事件に坐して、左大弁の職を解かれるが、宥罪の詔があって、もとに復されている。

氷上川継「謀反」事件・藤原種継殺害事件

因幡国守で従五位下の氷上川継「謀反」事件は、新田部親王の孫、塩焼王の子である氷上川継がおこしたものである。事件の発端は、川継の資人である大和乙人《おとひと》が武装して宮中に侵入したが、捕らえられ、尋問で語ったところによれば、正月十日の夜、人を集め平城宮の北門から侵入し、朝廷を傾けるというものである。川継は、大和国葛上郡に潜伏しているところを捕らえられている。罪は死罪に値するが、一等を減ぜられ、伊豆国へ遠流となっている。その母の不破《ふわ》内親王と川継の姉妹は、淡路国に移配されている。また、事件に縁坐する者が三六名に及び、妻の藤原法壱《ほういつ》は夫にしたがい伊豆に赴くが、その父の藤原浜成《はまなり》は大宰員外帥《だざいいんがいのそち》を残し、参議と侍従の職を解かれている。藤原四家のひとつ、京家の藤原麻呂の嫡男であった浜成が、川継「謀反」事件に連座し、要職から離れたことで、京家の失墜ははなはだしく、その後、京家の人の活躍はみられなくなっている。

13―長岡宮大極殿跡碑

藤原浜成に比し、家持は宥詔もあって直ぐに復職したが、延暦三年（七八四）二月には陸奥按察使鎮守将軍に任命され、陸奥に派遣されている。「征夷」の武官の拝命は、大伴氏にとって最もふさわしいものである。六五歳となっていた家持は、強く期すものを秘め、任地に赴いたと思える。前次の天応元年（七八一）九月の征夷事業は、同族の征東副使の大伴益立《ますたち》が参軍したものの、進軍の機を失い戦費に甚大な損害を与えたことから従四位下の位階を剝奪される事件がおきていたことを考慮するからである（『続日本紀』天応元年九月二十六日条）。

派遣部隊の布陣は、副将軍を文室与企《ふんやのよき》と大伴弟麻呂《おとまろ》とし、軍監には武蔵出身の外従五位下の入間広成《いるまのひろなり》と阿倍猿島墨縄《あべのさるしまのすみなわ》らを配している。『続日本紀』延暦四年四月七日条は、任地から陸奥統治の要諦を奏上する家持の報告を載せている。報告をした四ヵ月後の八月二十八日、家持は、陸奥の地で死去している。六六歳であった。「中納言従三位兼春宮大夫陸奥按察使鎮守将軍」という要職にあった家持の遺体は、通常であれば、丁重な対応がなされたはずであったが、死後二十余日たっても埋葬もできなかった。

それは、家持死後の九月二十三日に、造営中の長岡京を視察していた中納言正三位兼式部卿の藤原種継が殺害され、翌日、その首謀者として大伴竹良《ちくら》と大伴継人《つぐひと》がその与同者とともに捕らえられたことによる。これがいわゆる「藤原種継暗殺事件」である。藤原種継《たねつぐ》は、藤原宇合の孫であり、天平九年（七三七）に藤原清成《きよなり》と秦朝元《はたのちょうげん》の女との間に生まれた。桓武天皇の信任があつく、延暦元年三月、参議に任ぜられており、長岡遷都を企図した桓武の意を受け長岡京造営の責任者となっている。他方、首謀者の大伴竹良は家持に近い大伴一族の者としかわからない。いま一人の首謀者の大伴継人は、橘奈良麻呂の「謀反」事件に連座し、「杖下に死」した大伴古麻呂を父としている。九月獄中にて斬罪

表8　藤原種継殺害事件処分者

氏名	官位	処分とその後
早良親王	皇太子	廃太子　淡路国への配流途中に死去／延暦19年（800）崇道天皇と追称.
五百枝王	右兵衛督	伊予国への流罪／大同元年（806）従四位上.
大伴家持	中納言	事件時、死去していたが、追って除名／大同元年（806）従三位.
大伴継人	左少弁	死罪（斬首）／大同元年（806）正五位上.
大伴真麻呂	主税頭	死罪（斬首）／大同元年（806）正五位上.
大伴永主	右京亮	隠岐国への流罪／大同元年（806）従五位下.
大伴竹良	右衛門大尉	死罪（斬首）.
大伴湊麻呂	大和大掾	死罪（斬首）.
大伴国道		佐渡国への流罪／延暦22年（803）恩赦により入京.
大伴夫子	大和大掾	？（記述なし）.
佐伯高成	春宮少進	死罪（斬首）.
紀白麻呂	春宮亮	隠岐国への流罪／大同元年（806）正五位上.
藤原雄依	大蔵卿	隠岐国への流罪／大同元年（806）従四位下.
多治比浜人	春宮主書頭	死罪（斬首）.
林稲麻呂	東宮学士	伊豆国への流罪／大同元年（806）外従五位下.
伯耆桴麻呂	近衛	死罪（斬首）.
牡鹿木積麻呂	中衛	死罪（斬首）.

に処せられ、継人の子の国道《くにみち》（伴善男の父）も縁坐して佐渡に配流されている。

事件の経緯と処分については、『続日本紀』よりも『日本紀略』が、詳細に記載している。『日本後紀』も参照して、必要事項を入れて、処分者を表にすれば、次のようになる。『日本紀略』延暦四年九月丙辰条が記す「（大伴）継人・（佐伯）高成」の供述によれば、事件の真の首謀者は家持とのことで、大伴氏と佐伯氏が手を携えて種継を除き、早良皇太子にも連絡をとり、事を成就させるというものであった。そのこと故に、家持は死後にもかかわらず「除名（官位・勲位などを剝奪し、庶人におとすこと）」の処分受け、息子の永主《ながぬし》も流罪となっている。

ここでも家持は、台頭著しい式家藤原宇合の孫にあたる藤原種継との対抗軸に据えられている。こうした記述で注意を要するのは、藤原種継殺害事件や早良皇太子とその怨霊関係記事は、「桓武朝に続紀から削除されたが、種継の子である薬子《くすこ》・仲成《なかなり》によって復活され、「薬子の変」を経て再び嵯峨天皇によって削られたという経緯」が指摘されていることである（『続日本紀』新日本古典文学大系本五、補注、岩波書店、一九九八年）。桓武朝から嵯峨朝にかけての記事の削除ないし復活は、〈真実〉のそれらとは限らず、〈虚偽〉のそれらの可能性も十分ありうることと考えられる。したがって、『日本紀略』の「継人・高成」の供述も、疑ってみることも必要であろう。

晩年、怨霊に悩まされた桓武天皇が、大同元年（八〇六）三月十七日に七〇歳で亡くなるが、その日、大伴家持の名誉回復がなされ、従三位に復されただけでなく、一族の大伴継人が正五位上に、大伴真麻呂《ままろ》と息子の大伴永主《ながぬし》が従五位下に復されている。この符合は、軽視されてはならない。これは、種継殺害事件の真の首謀者が家持であるとする言説を権力が捏造（フレームアップ）したとする理解を導き出す所以《ゆえん》である。

大伴氏は、種継殺害事件でも、一族から沢山の事件関係者を出している。その中には、冤罪の者も含まれていることが考えられるが、沢山の関係者を出すことは、その氏族的紐帯―族的結合がなお強固に残っていることとかかわるもので、大伴氏の氏族として特色を示していると思えるのである。

3　大伴氏の没落と伴善男

大伴氏は、藤原種継暗殺事件で大きな打撃をうけ、すでに死去している大伴家持にも累が及び、家持は、「除名」の処分を蒙っている。このことは、先に述べたところである。

参議の空白

その後、四年の空白を経て、大伴兄麻呂の子の大伴潔足《きよたり》が、延暦九年（七九〇）に従四位上で参議に任じられている。潔足のその時の年齢は、すでに七〇歳を越えており、加えて、在職が三年という短期間でしかなかった（潔足の年齢は、『公卿補任』の記述をとっても、その没年を七七歳とする記述もあり、他方で、延暦九年の時に七〇歳という記述もあり、正確な年齢は不詳である）。これらの点をみれば、潔足が参議になれたのは、その最晩年に、名族大伴氏の一員として同情的に参議に推挙された感が強い。

その後、表9に示したように、大伴吹負系の古慈斐の子、大伴乙《おと》（弟）麻呂《まろ》が、従三位まで昇る動きをみせたが、延暦十四年以来、非参議のままで一五年間据え置かれ、大同四年（八〇九）五月に七九歳で亡くなっている（『日本紀略』大同四年五月二十八日条）。

大伴潔足が延暦十一年に参議を辞して以来、大伴乙（弟）麻呂の非参議の期間も含めると、大伴氏は三〇年に渡って参議を出すことがなかった。大伴氏が参議を出せなかった状況は、弘仁十四年（八

仁寿 3	文徳	参議	従四位上	伴善男	2
斉衡元	文徳	参議	正四位下	伴善男	2
斉衡 2	文徳	参議	正四位下	伴善男	2
斉衡 3	文徳	参議	従三位	伴善男	2
天安元	文徳	参議	従三位	伴善男	2
天安 2	文徳・清和	参議	従三位	伴善男	2
貞観元	清和	参議	正三位	伴善男	2
貞観 2	清和	中納言	正三位	伴善男	2
		参議	正三位	伴善男	2
貞観 3	清和	中納言	正三位	伴善男	2
貞観 4	清和	中納言	正三位	伴善男	2
貞観 5	清和	中納言	正三位	伴善男	2
貞観 6	清和	大納言	正三位	伴善男	2
		中納言	正三位	伴善男	2
貞観 7	清和	大納言	正三位	伴善男	2
貞観 8	清和	大納言	正三位	伴善男	2
以後，73 年間の空白					
天慶 2	朱雀	参議	従四位上	伴保平	
天慶 3	朱雀	参議	正四位下	伴保平	
天慶 4	朱雀	参議	正四位下	伴保平	
天慶 5	朱雀	参議	正四位下	伴保平	
天慶 6	朱雀	参議	正四位下	伴保平	
天慶 7	朱雀	参議	正四位下	伴保平	
天慶 8	朱雀	参議	正四位下	伴保平	
天慶 9	村上	参議	正四位下	伴保平	
天暦元	村上	参議	正四位下	伴保平	
天暦 2	村上	参議	正四位下	伴保平	
天暦 3	村上	参議	従三位	伴保平	
天暦 4	村上	散位・前参議	従三位	伴保平	
天暦 5	村上	散位・前参議	従三位	伴保平	
天暦 6	村上	散位・前参議	従三位	伴保平	
天暦 7	村上	散位・前参議	従三位	伴保平	

1 大伴長徳―御行系，2 大伴長徳―安麻呂系，3 大伴馬来田系，4 大伴吹負系

表9　大伴氏の公卿（延暦3～天暦7年）

年	天皇	官職	位階	大伴氏	系統
延暦3	桓武	中納言	従三位	大伴家持	2
延暦4	桓武	中納言	従三位	大伴家持	2
延暦9	桓武	参議	従四位上	大伴潔足	1
延暦10	桓武	参議	従四位上	大伴潔足	1
延暦11	桓武	参議	従四位上	大伴潔足	1
延暦14	桓武	非参議	従三位	大伴乙(弟)麻呂	4
延暦15	桓武	非参議	従三位	大伴乙(弟)麻呂	4
延暦16	桓武	非参議	従三位	大伴乙(弟)麻呂	4
延暦17	桓武	非参議	従三位	大伴乙(弟)麻呂	4
延暦18	桓武	非参議	従三位	大伴乙(弟)麻呂	4
延暦19	桓武	非参議	従三位	大伴乙(弟)麻呂	4
延暦20	桓武	非参議	従三位	大伴乙(弟)麻呂	4
延暦21	桓武	非参議	従三位	大伴乙(弟)麻呂	4
延暦22	桓武	非参議	従三位	大伴乙(弟)麻呂	4
延暦23	桓武	非参議	従三位	大伴乙(弟)麻呂	4
延暦24	桓武	非参議	従三位	大伴乙(弟)麻呂	4
大同元	桓武・平城	非参議	従三位	大伴乙(弟)麻呂	4
大同2	平城	非参議	従三位	大伴乙(弟)麻呂	4
大同3	平城	非参議	従三位	大伴乙(弟)麻呂	4
大同4	平城・嵯峨	非参議	従三位	大伴乙(弟)麻呂	4
以後，13年間の空白					
弘仁14	嵯峨	参議	従四位下	大伴国道	2
天長元	淳和	参議	従四位下	大伴国道	2
天長2	淳和	参議	従四位下	大伴国道	2
天長3	淳和	参議	従四位上	大伴国道	2
天長4	淳和	参議	従四位上	大伴国道	2
天長5	淳和	参議	従四位上	大伴国道	2
以後，19年間の空白					
嘉承元	仁明	参議	従四位下	伴善男	2
嘉承2	仁明	参議	従四位下	伴善男	2
嘉承3	仁明・文徳	参議	参議	伴善男	2
仁寿元	文徳	参議	従四位上	伴善男	2
仁寿2	文徳	参議	従四位上	伴善男	2

一三）に変化している。それは、従四位下であった大伴国道が参議になったことによる変化でもあるが、それとは別に、歴史的な名族であった大伴氏の「氏名《うじな》」が、四月二十八日に天皇の諱《いみな》（大伴）を避け、伴氏と改姓したことである（『類聚国史』二八、天皇避諱）。姓《かばね》の宿禰は変わることはなかったが、氏族名が変わる一大変事である。その結果、この時、従四位下の位階をもっていた大伴宿禰国道は、以後、伴宿禰国道として、かつての名族大伴氏の歴史を背負い続けることになる。

国道は、橘奈良麻呂「謀反」事件で「杖下に死」した大伴古麻呂を祖父とする。父は、藤原種継暗殺事件のかかわりから処分を受けた大伴継人である。国道は、父の罪に縁坐して佐渡国に配流されたが、延暦二十二年に恩赦で京に戻っている。帰京後は、弘仁四年正月七日に従五位下となり、以後、順調に昇進し、改姓した弘仁十四年には、参議・右大弁となっている。この年の三月、国道は、藤原三守《みもり》（藤原南家、藤原武智麻呂の曽孫、後述する伴友子の夫）とともに天台戒壇の設立に尽くしてきた延暦寺の俗別当にもなっている。その後、国道は、天長二年（八二五）に従四位上となり、天長五年二月二十七日には、「鎮東按察使」として東北の地に赴いたが（『日本紀略』天長五年二月二十七日条）、十一月十二日に六一歳で不慮の死をとげている（「参議従四位下伴宿禰国道卒。年六十一」『日本紀略』天長五年十一月十二日条）。

国道死後、国道と同じ従四位下にまで昇った伴氏の者がいないわけではない。天長八年十二月八日に亡くなった伴勝雄《かつお》は、大伴古慈斐之孫、乙（弟）麻呂の子であり、天長六年に従四位下に叙せられ、右近衛大将に任じられているが（『類聚国史』六六、薨卒。『日本紀略』天長八年十二月八日条）、参議にはなっていない。史料が示す事実は、国道の死によって、伴（大伴）氏が再び参議に人を送ることのできない時期を迎えることになり、それが一九年間続いたということである。

承和の変と大伴氏

参議を送り込めなかった一九年間で、伴氏にかかわる事件として、承和九年（八四二）の「承和の変」がある。伴氏の一員である伴健岑《こわみね》が、首謀者の一人となっている事件である。

事件の発覚は、嵯峨太上天皇が、承和九年七月十五日に亡くなり、その二日後の十七日、阿保《あぼ》親王（平城天皇の皇子。伊都《いず》内親王との間に在原業平《ありわらのなりひら》をもうけている）から太皇太后橘嘉智子《かちこ》に渡された密書によってである。それによれば、首謀者とされる伴健岑と橘逸勢《はやなり》が、淳和天皇の皇子である恒貞《つねさだ》皇太子の身に危険が迫っていることから、皇太子を東国に移すことを計画し、それを阿保親王に相談した。阿保親王は事の重大性から、逸勢の従姉妹の橘嘉智子に知らせ、嘉智子は中納言藤原良房《よしふさ》に相談している。仁明天皇は、良房からの上奏を受けるや、命を下して、良房の弟の左近衛少将藤原良相《よしみ》に皇太子の座所を包囲させ、この時、出仕していた大納言藤原愛発《ちかなり》、中納言藤原吉野《よしの》、参議文室秋津《ふんやのあきつ》を捕らえ、伴健岑、橘逸勢らを謀反人の首謀者として拘束している。その結果、恒貞皇太子は事件とは無関係としながらも、廃太子に処せられている。また、伴健岑は隠岐国（後に出雲国へ遷す）、橘逸勢は伊豆国に流罪（配所への途中、遠江国板築にて没）となり、藤原愛発は京外追放、藤原吉野は大宰員外帥、文室秋津は出雲員外守にそれぞれ左遷されている。

事件の顚末は、前記したことに尽きるが、今日、この事件を伴健岑と橘逸勢らの「陰謀」ととらえる研究者はいない。首謀者の二人を含め、処分を受けた者の多数が、恒貞皇太子の東宮―春宮坊の関係者である。これらの恒貞皇太子の即位を強く期待している人たちが、淳和太上天皇が亡くなったことから、順調な即位を不安視していた状況の存在を認めることができても、即位への決起を皇太子側から仕掛ける理由は見つけにくい。首謀者が、春宮坊帯刀舎人伴健岑と但馬権守橘逸勢の二人では、仕掛けが軽すぎるとみるのが多くの見方である。

事件の背景は、この期の王位継承をめぐる構想の相違にある。仁明天皇は、中宮に良房の妹順子《じゅんし》を迎えており、その間に道康《みちやす》親王（後の文徳天皇）をもうけている。しかし、天長十年（八三三）十月、嵯峨上皇の意向により仁明天皇の即位に伴って九歳で立太子した恒貞親王が存在しており、道康親王を即位に導く途は限られていた。北家の藤原良房が、困難とみえる道康親王の即位を企図し、恒貞皇太子の東宮―春宮坊職員の「謀議」を理由に、一気に追い落としを計った事件こそ「承和の変」である。このように考える通説的理解に大きな誤りはない。

なお、事件がもたらした余波は、伴氏一族内部にも確実に届いている。陸奥鎮守将軍の伴三宗《みむね》は、斉衡元年（八五四）八月十六日に従五位下で亡くなっているが、三宗は、元の名を健宗《たけむね》といっていた。だが、「承和の変」以後、伴健岑の名と近似していることを嫌い、改名したというエピソードを残している。それは伴氏一族のなかの同族意識に濃淡があることを物語るものといえよう（『文徳実録』斉衡元年八月十六日条）。

伴氏の置かれたこうした状況は、承和九年の「承和の変」によって、その首謀者に伴健岑が名を連ねていたことから、さらに悪くなる可能性があった。そうであるにもかかわらず、状況を悪化させなかった人こそ、伴善男《よしお》である。

伴善男と伴氏出身の女官

伴善男は、伴国道の五男にあたり、『公卿補任』によれば、弘仁二年（八一一）生まれである。正史『続日本後紀』が記す善男の最初の史料は、承和十年（八四三）正月二十三日条の正六位上であった善男を従五位下に昇叙させた記事である。これ以前の経歴は、『三代実録』貞観八年（八六六）九月二十二日条や『公卿補任』嘉祥元年（八四八）条の履歴記事を参照すると、天長七年（八三〇）二〇歳にして校書殿《きょうしょでん》に出仕し、同十年には仁明天皇に奉侍し、承和八年二月大内記《だいないき》となり、九年正月に蔵人《くろうど》、八月に式部大丞に任ぜられている。

前述のように善男が従五位上に昇るのは、承和十四年正月であり、翌年の嘉祥元年正月には従四位下に特進している。さらには、二月二日、伴氏一族が長らく就任することのなかった参議に就いている。ちなみに、伴善男が参議になった嘉祥元年時の公卿らは、次のような人々である。

太政大臣
左大臣　源　常《ときわ》

右大臣　藤原良房
大納言
中納言　源　信《まこと》
中納言　源　弘《ひろむ》
中納言　安倍安仁《やすひと》
参議　源　定《さだむ》
参議　滋野《しげの》貞主《さだぬし》
参議　藤原　助《たすく》
参議　藤原長良《ながら》
参議　橘　峯継《みねつぐ》
参議　小野　篁《たかむら》
参議　藤原良相《よしみ》
参議　伴　善男

それは、官職こそ右大臣であるが、嵯峨太上天皇と皇太后橘嘉智子（檀林皇太后）の信任を得て台頭めざましい左大臣藤原良房の時代の到来といってよい時期でもある。

伴善男が、伴氏の一員として参議に返り咲く直前の頃、伴氏を出身とする「宮人《くにん》」（宮中に仕える女官）「伴氏女《うじめ》」と文徳天皇との間に皇子が生まれている。皇子は、後に、母が伴氏出身ということもあってか、臣籍降下して文徳源氏の一人である源能有《よしあり》（八四五—八九七）を名乗ることになる。能有は、後に清和天皇として即位する惟仁《これひと》親王の兄にあたる。清和天皇、陽成天皇の治世をよく輔け、その能力は藤原基経《もとつね》からも評価されてその娘を娶っている。また、宇多天皇の信任も厚く、寛平の治の実質的な推進者でもあった。寛平九年（八九七）六月八日に薨去。享年五三歳であった。最終官位は「右大臣正三位左近衛大将兼東宮傅」である。この「宮人」伴氏女は、善男との関係も不明であるが、近親であるとみて誤りないだろう。伴（大伴）氏の歴史では、大王・天皇のキサキとなった例は、先に記した大伴糠手子《あらてこ》の女であり、崇峻天皇のキサキとなった大伴小手子《おてこ》の六世紀の例が先にあるだけである。その数は少ないが、大伴氏の氏族としての性格を考える上で、重要な点である。こうした点を踏まえれば、伴氏が「宮人」という回路を通じてであれ、王権との婚姻関係を結んでいることに注目しておく必要がある。

同様に、この期の注目すべき伴氏の女性官僚がいる。伴友子《ゆうし》がその人である。伴友子は、伴長村《ながむら》を父とし、南家武智麻呂の曽孫の藤原三守《みもり》と婚姻し、藤原仲統《なかむね》をもうけている。伴善男が従五位下に昇叙された承和十年正月に遅れること二年、承和十二年正月に従五位上から正五位下に昇叙されている。その後、翌年の承和十三年五月二十七日、後宮十二司の一つである膳司の次官である「典膳」に任じられていることがわかり、仁寿元年（八五一）十一月に従四位下、貞観元年十一月に従四位上となっていることがわかる（『文徳実録』仁寿元年十一月二十七日条、『三代実録』貞観元年十一月二十日条）。後の二つの昇叙は、前者が文徳天皇、後者が清和天皇の大嘗会に後宮女官として仕奉したことへの褒賞と考えられる。伴国道―善男の系統には属さない伴氏の家系であるが、血縁の近い一族の女性である。

伴善男は、参議となった嘉祥元年二月以降も、嘉祥三年の文徳天皇の即位に伴って従四位上に昇ると、仁寿三年には正四位下に、斉衡二年には従三位と順調に履歴を積んでいる。さらに、貞観元年には正三位・民部卿となり、貞観二年には中納言、貞観六年には大伴（伴）氏としては旅人が就任して以来の大納言となっている。

しかし、伴善男の順調であった人生は、貞観八年閏三月で激変する。応天門の焼失が激変への引き金である。

応天門の変

貞観八年（八六六）閏三月十日の夜、応天門が火事となり、棲鳳《せいほう》・翔鸞《しょうらん》の二つの楼も焼失した。応天門は、重要な儀式を行う場である朝堂院（八省院）の正門にあたる重要な門である。宮域の中枢の門であることから、その焼失は不吉な感を多くの京の人々に与えたはずである。

応天門の焼失事件が、さらに大きな展開を迎えるのは、おおよそ五ヵ月後の八月三日である。この日、左京の人、備中権史生《ごんのししょう》の大宅鷹取《おおやけのたかとり》は、大納言伴善男とその子の中庸《なかつね》が応天門に放火したとの告発を行っている。善男の取調べが始まると、善男の「僕従（従者）」生江恒山《いくえのつねやま》、伴清縄《きよただ》らによって告人

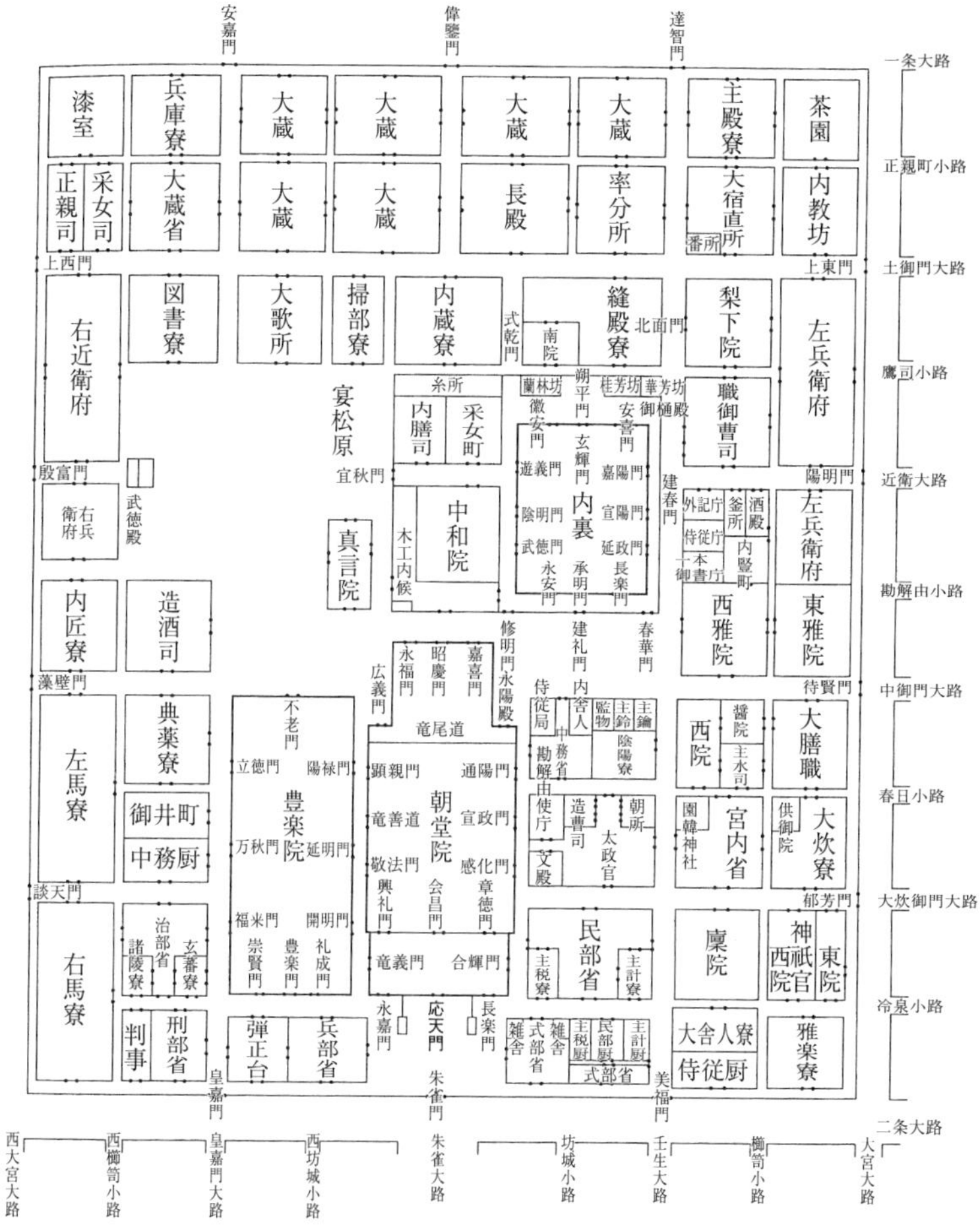
安嘉門
偉鑒門
達智門
一条大路
正親町小路
土御門大路
鷹司小路
近衛大路
勘解由小路
中御門大路
春日小路
大炊御門大路
冷泉小路
二条大路
漆室
兵庫寮
大蔵
大蔵
大蔵
大蔵
主殿寮
茶園
正親司
采女司
大蔵省
大蔵
大蔵
長殿
率分所
大宿直所
番所
内教坊
上西門
上東門
右近衛府
図書寮
大歌所
掃部寮
内蔵寮
式乾門
縫殿寮
南院
北面門
梨下院
左兵衛府
糸所
内膳司
采女町
宴松原
蘭林坊
朔平門
桂芳坊
華芳坊
御樋殿
徽安門
安喜門
玄輝門
職御曹司
殿富門
武徳殿
宜秋門
陽明門
右兵衛府
遊義門
嘉陽門
内裏
建春門
外記庁
釜所
酒殿
左兵衛府
陰明門
宣陽門
侍従庁
内豎町
一本御書所
中和院
木工内候
真言院
武徳門
延政門
永安門
承明門
長楽門
西雅院
東雅院
内匠寮
造酒司
修明門
永陽殿
建礼門
春華門
永福門
昭慶門
嘉喜門
広義門
侍従局
内舎人
監物
主鈴
主鑰
中務省
陰陽寮
西院
醤院
主水司
大膳職
藻壁門
待賢門
典薬寮
不老門
竜尾道
左馬寮
立徳門
陽禄門
顕親門
通陽門
勘解由使庁
造曹司
朝所
太政官
園韓神社
宮内省
供御院
大炊寮
御井町
中務厨
豊楽院
朝堂院
竜善道
宣政門
万秋門
延明門
敬法門
感化門
文殿
談天門
郁芳門
興礼門
会昌門
章徳門
右馬寮
治部省
諸陵寮
玄蕃寮
福来門
開明門
崇賢門
豊楽門
礼成門
竜義門
合輝門
民部省
主税寮
主計寮
廩院
神祇官
西院
東院
判事
刑部省
弾正台
兵部省
永嘉門
応天門
長楽門
雑舎
式部省
雑舎
主税厨
民部厨
主計厨
式部省
大舎人寮
侍従厨
雅楽寮
皇嘉門
朱雀門
美福門
西大宮大路
西櫛笥小路
皇嘉門大路
西坊城小路
朱雀大路
坊城小路
壬生大路
櫛笥小路
大宮大路

14── 平安京大内裏図

表10　応天門の変の処分者

氏名	位階・官職	備考
伴善男	正三位・大納言	伊豆国へ流罪
伴中庸	従五位上・右衛門佐	隠岐国へ流罪
伴河男	従五位上・下野守	能登国へ流罪(伴善男の兄弟)
伴夏影	正八位上・上総権少掾	越後国へ流罪(伴秋実の兄弟)
伴冬満		常陸国へ流罪(伴秋実の兄弟)
伴高吉		下総国へ流罪(伴善男の甥)
伴春範		薩摩国へ流罪(伴秋実の甥)
伴秋実	伴善男の従僕	壱岐島へ流罪
伴清縄	伴善男の従僕	佐渡国へ流罪
紀夏井	従五位上・肥後守	土佐国へ流罪(紀豊城の兄弟)
紀春道		上総国へ流罪(紀豊城の兄弟)
紀武城		日向国へ流罪
紀豊城	伴善男の従僕	安房国へ流罪
生江恒山	伴善男の従僕	遠流

の大宅鷹取の娘が、殺されるという事件も誘引することになり、結果として、善男への嫌疑を深めることになっていった。恒山らを追及すると、善男と中庸の親子が、源信を失脚させるために共謀して放火したと自白し、善男と中庸の二人は承伏したと伝えている。九月二十二日には、放火犯とその関係者らの刑が確定している。伴善男と中庸、同謀者とされた紀豊城《とよき》、伴秋実《あきざね》、伴清縄等の五人は「斬」刑に処すべきところ、詔によって一等減じて、遠流とされている。

事件に関係し処分を受けた者を、表10に示したが、伴善男とその息子中庸、善男の兄弟や甥の近い親族と善男の従僕とその縁者らである。橘奈良麻呂「謀反」事件や藤原種継暗殺事件の時と比べると、与同者の数が少なく、広がりも小さい。この点に留意すべきであろう。さらに、伴善男は、「庶人」におとされた上、その財産を没収されている。史料から分かるのはその一部であるが、伊勢国の八〇町四段の墾田とその経営の拠点である「庄家」六処が目を引く。山城国久世郡の墾田三十余町や河内国茨田・渋

表11　伴善男の財産

墾田	八〇町四段 三町二段五〇歩 一〇〇町 三十余町 五五町	伊勢国 山城国葛野郡上林郷 越前国加賀郡 山城国久世郡 河内国茨田渋川両郡田	造京城道橋料 天安寺 穀倉院・造道橋料
陸田		諸国	
庄家	六処 ?	伊勢国 諸国	造京城道橋料
山林	?	諸国	
塩浜塩釜	?	諸国	
宅地カ	一町	右京二条四坊	天安寺
仏像・経論・書籍		邸宅	図書寮

川両郡にある五五町の墾田は、平安京近郊の墾田であり、伴善男の家政運営を直接支えたものの一部であろう。これらの家産が「没官」となったことは、伴善男が再起し復権するための基礎がなくなったことを意味する。

いま一つの応天門の変

伴善男と応天門の変は、一二世紀後半に「伴大納言絵巻《ばんだいなごんえまき》」(三巻で構成され、作者は常磐光長《ときわみつなが》かと推定されている)が制作され、絵巻物になったことでさらに広く知られるようになる。現存する「伴大納言絵巻」は、冒頭の詞書が失われているが、その部分は鎌倉時代の説話集で、宇治大納言源隆国《たかくに》の編とされる『宇治拾遺物語』巻一〇―一「伴大納言、応天門を焼く事」で補うことができるとされている。前記してきた「応天門の変」の経緯と少し異なるものがあり、変の実情を探る上で、参考になることがあるかもしれない。そこで、その部分を、便宜段階を区切り、以下に引いておく。

A今は昔、水の尾の帝(清和天皇)の御時に、応天門焼けぬ。人のつけたるになんありける。それを、伴善男といふ大納言、「これは（源）信の大臣のしわざなり」と、おほやけに申しければ、その大臣を罪せんとせさせ給ひけるに、忠仁公《ちゅうじんこう》（藤原良房）、世の政は、御弟の西三条の右大臣（藤原良相）にゆづりて、白川にこもりゐ給へる時にて、この事を聞きおどろき給ひて、御烏帽子、直垂《ひたたれ》ながら、移しの馬に乗り給ひて、乗りながら北の陣までおはして、御前に参り給ひて、「このこと、申す人の讒言にも侍らん。大事になさせ給ふ事、いと異様のことなり。かかる事は、返すがへすよくただして、まこと、そらごとをあらはして、行はせ給ふべきなり」と奏し給ひければ、「まことにも」、とおぼしめして、たださせ給ふに、一定もなきことなれば、「許し給ふよし仰せよ」とある宣旨承りてぞ、大臣は帰り給ひける。

B左の大臣は、過ぐしたる事もなきに、かかる横ざまの罪にあたるを、おぼし嘆きて、日の装束して、庭に荒薦《あらごも》を敷きて出でて、天道に訴へ申し給ひけるに、許し給ふ御使に、頭中将、馬に乗りながら、はせまうでければ、いそぎ罪せらるる使ぞと心得て、ひと家なきののしるに、許し給ふよし仰せかけて帰りぬれば、また、よろこび泣きおびただしかりけり。ゆるされ給ひにけれど、「おほやけにつかうまつりては、横ざまの罪出で来ぬべかりけり」と言ひて、ことにもとのやうに宮づかへもし給はざりけり。

Cこのことは、過ぎにし秋の頃右兵衛の舎人なる者、東の七条に住みけるが、司に参りて、夜更けて家に帰るとて、応天門の前を通りけるに、人のけはひしてささめく。廊の腋にかくれ立ちて見れば、柱よりかかぐりおるる者あり。あやしくて見れば伴大納言なり。次に子なる人おる。また次に、雑色とよ清といふ者おる。何わざして、おるるにかあらんと、つゆ心も得でみるに、この三人おりはつるままに、走ること限りなし。南の朱雀門ざまに走りていぬれば、この舎人も家ざまに行くほどに、二条堀川のほど行くに、「大内のかたに火あり」とて、大路ののしる。見かへりてみれば、内裏の方と見ゆ。走り帰りたれば、応天門のなからばかり、燃えたるなりけり。このありつる人どもは、この火つくるとて、のぼりたりけるなりと心得てあれども、人のきはめたる大事なれば、あへて口より外にいださず。その後、左の大臣のし給へる事とて、「罪かうぶり給ふべし」といひののしる。あはれ、したる人のあるものを、いみじきことかなと思へど、いひいだすべき事ならねば、いとほしと思ひありくに、「大臣ゆるされぬ」と聞けば、罪なきことは遂にのがるるものなりけりとなん思ひける。

Dかくて九月ばかりになりぬ。かかるほどに、伴大納言の出納の家の幼き子と、舎人が小童と、いさかひをして、出納ののしれば、出でて取り押さへんとするに、この出納、同じく出でて、見るに、寄りて引きはなちて、我が子をば家に入れて、この舎人が子の髪を取りて、打ち伏せて、死ぬばかり踏む。舎人思ふやう、わが子もひとの子も、ともに童部いさかひなり、たださではあらで、わが子をしもかく情なくふむは、いと悪しき事なりと腹だたしうて、「まうとは、いかで情なく、幼きものをかくはするぞ」と言へば、出納言いふやう、「おれは何事言ふぞ。舎人だつるおればかりのおほやけ人を、わが打ちたらんに、何事のあるべきぞ。わが君大納言殿のおはしませば、いみじき過ちをしたりとも、何事の出で来べきぞ。しれごと言ふかたゐ（乞食）かな」といふに、舎人、おほきに腹立ちて、「おれは何事言ふぞ。わが主の大納言を高家に思ふか。おのが主は、我が口によりて人にてもおはするは知らぬか。わが口あけては、をのが主は人にてはありなんや」と言ひければ、出納は腹だちさして家にはひ入りにけり。

Eこのいさかひを見るとて、里隣の人、市をなして聞きければ、いかに言ふことにかあらんと思ひて、あるは妻子に語り、あるは次々語り散らして、言ひさわぎければ、世に広ごりて、おほやけまで聞こしめして、舎人を召して問はれければ、はじめはあらがひけれども、われも罪かうぶりぬべく問はれければ、ありのくだりのことを申してけり。その後、大納言も問はれなどして、事顕はれての後なん流されける。

F応天門を焼きて、信の大臣に負ほせて、かの大臣を罪せさせて、一の大納言なれば、大臣にならんと構へけることの、かへりてわが身罪せられけん、いかにくやしかりけん（『宇治拾遺物語』巻一〇―一「伴大納言、応天門を焼く事」）。

『宇治拾遺物語』の説話は、A～Fの六つの段落に分けて考えることができる。

Aは、冒頭の部分であるが、応天門の焼亡した原因は、誰かが放火したためとする。それを、伴善男は、「源信のしたこと」とし、朝廷に訴えると、朝廷は直ぐにも信大臣を罰しようとする。すると、白川に籠もっていた忠仁公〔藤原良房〕は、世の政事を弟の西三条の右大臣〔藤原良相〕に任せていたが、それを聞き、急ぎ帝の下に赴き、帝に直訴して「讒言もあることだから、大事を決める時は、真偽をはっきりさせてから処分すべきである」と奏上すると、曖昧であることもわかり、信大臣をゆるすとする宣旨が出され、良房は帰ることができた。

Bは、源信が、あらぬ濡れ衣を着せられたことを嘆き、ショックも重なり、その後の宮仕えに支障の出てきたことが記されている。

Cは、このことについては実は、前年の秋のころ、東七条に住む右兵衛の舎人が、応天門の前で、伴大納言や雑役の豊清らが門から下り、急ぎ逃げていく現場を目撃し、少しして応天門の燃えているところもみて、彼らが放火した疑いをもったが、人の身の上にかかわる重大事なので、口外することをしないでいた。そのうち、大臣がゆるされたのを聞き、無実の罪で処分されるような理不尽な事はやはり無いものと思ったことであった。

Dは、事態が大きく変化することを記す。やがて九月頃の事、伴大納言家の「出納」の者の子と右兵衛の舎人の子の喧嘩に双方の親が介在し、「出納」が舎人の子に手ひどく打擲《ちょうちゃく》を加えたことから、舎人と激しく罵り合うことになり、主人の威勢を誇る「出納」に対し、応天門の放火の真犯人の秘密を知る舎人は、「自分が知っていることを喋れば、お前の主人とて、今のままでは居られなくなるぞ」と切り返す始末が記される。

Eは、舎人の意味ありげな言は、喧嘩を見物していた人々の耳に入るや、人づてに京に流布し、朝廷にまで届くことになる。そこで、舎人は事情聴取を受け、過日の目撃の事情を供述したことで、伴大納言も尋問され、事件の真相が明らかになって、放火事件の関係者は流罪となった、ことが記されている。

Fは、応天門を焼いて大臣の源信に罪を着せて陥れ、大納言の首座となって廟堂での発言権を強めようと謀ったが、かえってわが身が罪せられたことになり、伴大納言は、どんなにか口惜しいことであったろうか……と結んでいる。

事件の真相は

説話は、伴善男が左大臣源信を追い落とすための謀略であった応天門の焼亡の顚末を記したものであるが、舎人の目撃談や子供のいさかいが親の喧嘩に発展し、ついには「真犯人」が明らかになる展開等に、正史の記載ではつかめない点を含んでいる。そうであるからといって、説話の記述が事実を伝えている保証はない。他方、放火の「自白」があったことから流罪に処したことを記す『三代実録』の記述も、そのままの事実を伝えたものと考える研究者はいない。

事の真相は、不明の点を多く含んでいる。それでも、この説話は、応天門焼亡事件を考える上で、重要な糸口を与えてくれている。それは、説話のAの部分にある。この部分は、伴善男が応天門の焼亡の原因を放火とし、源信が火をつけたと告発し、それを取り上げた朝廷が源信を罰しようとしたことを記している。前者の伴善男が源信を放火犯であると告発した点は、史実かどうかが不明である。話の展開の必要からでたフィクションの可能性が高いとみるべきかもしれないが、伴善男と源信との対立が公然とあったことが、『三代実録』貞観十年（八六八）閏十二月二十八日条の源信の薨伝からわかる。

15――平安神宮応天門復元

　それによれば、貞観六年冬より先の頃から、大納言伴善男と左大臣源信との間に隙が生じ、源信が中納言源融《とおる》や右衛門督源勤《つとむ》らと謀反を謀っているとの投書を行い、貞観七年春には、信大臣の家人の清原春瀧《きよはらのはるたき》らを西国や東国に左遷した上で、同八年春には左大臣宅を包囲しようとすらしていたのである。こうした事実は、Aの部分の伴善男の告発と通じていることは、誰の目にも明らかであろう。薨伝の記述で重要なのは、こうした左大臣源信の追い落としが右大臣の藤原良相と通じて行ったものであること、これらを太政大臣の良房は何も知らなかったこと等である。これは、後者の善男の告発を受けた「朝廷」が、源信の処分に踏み切ろうとしたその判断にもかかわってくるものである。

　Aの部分のここでの「朝廷」の判断は、藤原良房が弟の良相に国政を委ねていると記していることから（「忠仁公、世の政は、御

16―藤原氏関係図

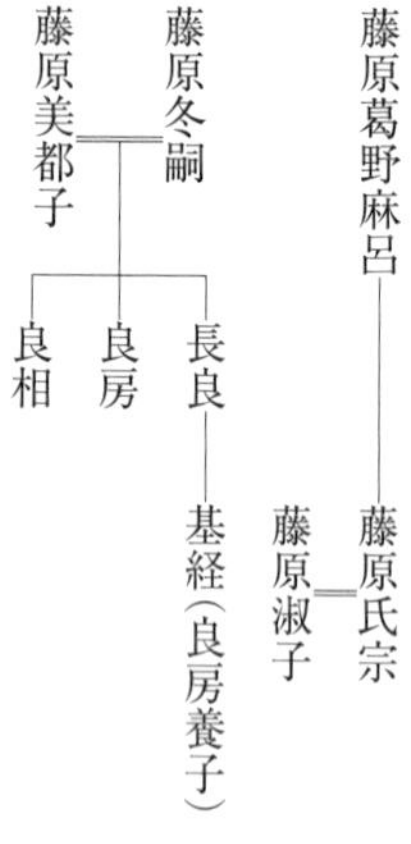

弟の西三条の右大臣にゆづりて、白川にこもりゐ給へる時」）、良相を中心とする公卿等の判断と考えるべきであろう。この部分のポイントは、そうした判断に、良房が天皇に慎重な対応を求める直訴をしているところにある。このエピソードの挿入によって、話の展開は、藤原良房の的確な判断と機敏な行動及び幼帝清和天皇の「叡慮」によって、源信の疑いが晴れたという話にもなる。これは、同時に、藤原良相らの判断が的確でなかったことを浮き立たせるものでもある。

説話は、応天門焼亡事件の背景に、太政大臣藤原良房、左大臣源信、右大臣藤原良相、大納言伴善男らの抗争を置いている。そのことは、史実の上でも大きな誤りでないと思える。とりわけ、左大臣源信の追い落としの策謀が、「善男、右大臣藤原朝臣良相と通し謀る所行なり」とその源信の薨伝に記されているように、善男と良相の共謀と断ぜられている点に留意が必要であろう。

「応天門の変」の前と善男流罪後の、廟堂の構成の変化は、善男が廟堂から消え、権大納言であった藤原氏宗《うじむね》が大納言に昇格するわずかな変化でしかない。しかしながら、わずかな変化の中に将来を予測するものがある場合もある。ここでの小さな変化は、藤原氏宗が大納言になったことである。藤原氏宗は、藤原長良の女で基経の異母妹である藤原淑子《よしこ》と婚姻をしており、長良の息子の基経を養子として迎えている良房とも縁は薄くない。氏宗は、その後、貞観十二年に右大臣となり、太政大臣良房と連携したが、貞観十四年二月に氏宗が六三歳で亡くなり、良房は同年九月に六九歳で亡くなっている。良房没後は、源融と藤原基経が国政運営の要の位置を占めるようになり、元慶四年（八八〇）には、藤原基経が関白、太政大臣となり、それは基経が死去する寛平三年（八九一）の前年にあたる寛平二年まで続いた。

伊豆国に流罪となった伴善男は、貞観十年に配所の伊豆で死去している。善男に告発された源信も同じ貞観十年の閏十二月に亡くなっている。善男との「共謀」も指摘され、兄の良房との対抗意識も強かった良相は、応天門の焼亡事件のあった翌年の貞観九年十月に亡くなっている。

「応天門の変」は、その細部にいたると依然と謎の多い事件である。したがって、その真相は不明であるが、それでも、この事件の背後に、1、伴善男と藤原良相の連携強化、2、源信や源融らの賜姓源氏らの廟堂への進出、3、それらを警戒しながら様子をみている藤原良房、の三様の構図がうかがえる。1と2の状況は、すでに対立を公然化させており、賜姓源氏らの「謀反」の告発すらでている。3の状況は、藤原冬嗣《ふゆつぐ》の息子たちである次男良房と長男長良とその子基経の養子縁組にみてとれる結束の促進と相違する弟の良相との対立の深化と深くかかわるものである。このうち、後者は、藤原氏の内部における一族結合の強化を志向する傾向を示すだけでなく、一族内部の対立、抗争も深刻にならざるをえない傾向も生まれてきていることを示す点で意味あるものである。

貞観期の社会

応天門焼亡事件がおきた貞観年間は、社会不安が京だけでなく、全国に及ぶものも多く、平成二十三年（二〇一一）三月十一日の「東日本大震災」の発生とその甚大な被害に喚起され、今日、改めて注目されている時期である。

「東日本大震災」は、マグニチュード九という巨大地震によるもので、大津波も伴っていた。それが、貞観十一年（八六九）五月の陸奥国におこった大地震・大津波（貞観大津波）と対比され、話題にのぼることが多くなっている。地震に限らず、他の災害も、貞観年間は史資料に多く記録されている。それらのいくつかをみておこう。

貞観四年九月、京都市中の井泉が枯渇したため、神泉苑《しんせんえん》の西北の門を開け、水汲みを自由にさせている。通常、王権の独占的利用に供される禁苑が、開放されていることにその非日常性が現れている。

貞観五年正月には、「咳逆《がいぎやく》」病（咳の病）が大流行し、全国で死者も多数出る事態となっている。五月、それへの対策から、神泉苑御霊会《ごりようえ》が修されている。以後、各地に広がる御霊会の最初である。六月には越中・越後でも大きな地震がおこり、百姓の廬舎が壊され、圧死者が多数出ている。以後、毎日のように地震がある。

貞観六年五月、富士山の大噴火（貞観噴火）がおこり、駿河国から、富士山の噴火は、三度の地震を伴い、噴火して後もなお火が消えない状況であった等々の報告があり、六月には甲斐国から富士山噴火の報告があった。富士山は、「日本の　大和の国の　鎮めとも　います神かも　宝とも　なれる山かも」（『万葉集』三巻、三一九番）と高橋虫麻呂《たかはしのむしまろ》の長歌にも歌われている。その大爆発は、「国の鎮めの神」の怒りともとれる大きな災害である。列島は震え、「咳逆」病の流行り病に多くの人々が苦しむ世の中である。

貞観九年五月には、西国の阿蘇山が噴火をおこし、貞観十年七月には、播磨、山城で地震がおこっている。播磨国は、この大地震によって、諸郡の官舎や定額寺の堂塔が皆ことごとく頽倒したとの報告を上らせており、京都では、天皇、貴族等が地震に震え上がった記録を残している。

貞観十一年五月は、陸奥国で大地震と大津波（貞観大津波）がおこり、建物の倒壊、死傷者の数だけでなく、大津波が城下（多賀城）にまで及んだとの報告も残されている。

貞観十四年正月、平安京でまた「咳逆」病が流行し、死者が多数出る。この時、丁度、渤海《ぼっかい》から使者が日本に来ていたことから、「咳逆は彼らがもってきたのでは……」との風評も報告されている。社会不安が重なると、こうした風評が流布しやすくなっていることがわかる。

以上、貞観期のことに目立った災害をあげたが、これらが貞観期の社会を一面で規定付けている。古代の貞観期が、古代王権・国家が大きく変容する一つの画期にもなるのも、これらの点が認められるからである。

こうした社会不安が連年にわたって襲っていた貞観期は、日本の古代王権が大きく変化するひとつの画期でもある。

貞観期の王権の変化

嘉祥三年（八五〇）、仁明天皇が死去すると、二四歳となっていた文徳天皇が即位し、惟仁親王（清和）も同年十一月二十五日に満八ヵ月で立太子する。ところが、天安二年（八五八）八月二十七日、文徳がわずか三七歳で死去してしまったことから、九歳の皇太子が、十一月七日に大極殿で即位することになる。ここにわずか九歳の天皇が誕生したこととなる。即位後、六年を経た貞観六年（八六四）正月七日、清和天皇は一五歳の元服儀を行っている。元服は、社会的成人となったことを認証し、祝う儀礼である。そうした儀礼を即位後に行っているところを見落としてはならないであろう。清和は、元服儀を済ませ社会的成人となったにもかかわらず、外祖父の藤原良房は太政大臣として臨み、貞観八年の応天門焼失事件の後には「摂政」となっている。その後、貞観十一年二月一日に貞明《さだあきら》親王（陽成）を立太子させ、貞観十八年十一月二十九日に陽成に譲位する。清和天皇に引き続き九歳の幼主陽成天皇の誕生である。

幼帝を王権の中枢にすえた古代国家は、「賢臣」の「補佐」なくして実質的な統治を望むことができない。そのことを最も直截に述べているのは、清和天皇の譲位詔（『三代実録』貞観十八年十一月二十九日条）で、事実上の陽成天皇の即位詔である。清和は、譲位詔の中で、「自分（清和）は、幼くして天皇となったが、賢臣の補佐で今日にいたっている。貞明皇太子の場合も良き佐けがあれば王位に就いても心配ないと思うので、貞明皇太子に天皇位を授けることにした」と述べ、また、「右大臣藤原基経が皇太子の舅にあたり、内外の政務に通じているから、幼主が万機を親裁できない間は良房と同様に、行事を「摂政」して仕奉する」ことを命じている。藤原良房が幼主清和天皇を輔佐したあり方は、その後、「忠仁公故事」として、後に摂政任命する時に繰り返し想起されているように、国政のあり方に決定的な意味を付与するようになっていく。

貞観八年から十年にかけて、伴善男の失脚、急迫してくる弟の藤原良相への打撃、源信の致仕への追い込み等がおこっている。「藤原氏中心史観」「陰謀史観」との評価を気にして、これらを偶然の連鎖ととらえるのは、分析の放棄であり、やはり誤りである。

古代の雄族大伴氏の再興を期待された伴善男は、藤原良房との権力闘争に敗北し、「庶人」へと顚落し、貞観十年に配所の伊豆国で死亡したことは、「応天門の変」の究極の真実が不明であるとしても、不動の事実として認めるべきであろう。

伴氏の最後の参議

大納言で失脚した伴善男以後、伴氏でただ一人参議となった者がいる。伴保平《やすひら》がその人である。『公卿補任』天慶二年（九三九）条に参議となる以前の履歴が記されている。他に依るべき史料が少ないことから、それをみておこう。伴保平は、寛平九年（八九七）に叙爵され、天慶二年には伴善男が大納言を失脚して以来、七三年の間、昇格できなかった参議に就いている。ただし、就任の年齢

17―天皇系図（仁明～醍醐天皇）

仁明―文徳―清和―陽成
　└光孝―宇多―醍醐

表12　伴保平参議以前の履歴

寛平3	3月3日	内舎人
昌泰2	1月11日	木工少允
延喜5	8月29日	織部正
延喜9	1月7日	従五位下
	4月23日	肥前守
延喜10	1月13日	諸陵頭
	2月15日	修理亮
延喜11	1月13日	若狭守
延喜17	11月17日	従五位上
延喜18	1月16日	紀伊守
延喜23	1月12日	伊勢守
延長6	1月7日	正五位下
	1月29日	大和守
延長8	11月21日	従四位下
	11月26日	近江守
天慶2	8月27日	参議

が七三歳の高齢であったのをみれば、古代の雄族大伴氏の末裔であることを考慮した上での抜擢人事とみなすべきであろう。保平は、天暦四年（九五〇）十月に致仕し、天暦八年四月十六日に死去している。播磨守従四位下の伴春雄《はるお》を父とすると伝えるが、父の春雄はその系譜が不詳で一説に善男の子、中庸の子とするものもあるが、確かでない。ちなみに、「伴氏系図」によれば、鎌倉鶴岡八幡宮の社家も大伴の出自を示しており、伴春雄は、大伴家持の孫、永主の子となっている。

天慶二年は、朱雀天皇の下、藤原忠平《ただひら》が「摂政・太政大臣」を務め、次のような公卿らによって、国政は運営されていた。

摂政・太政大臣　藤原忠平
左大臣　藤原仲平《なかひら》
大納言　平　伊望《これもち》
大納言　藤原実頼《さねより》
中納言　橘　公頼《きみより》
権中納言　源　清蔭《きよかげ》

権中納言　藤原師輔《もろすけ》
権中納言　源　是茂《これしげ》
参議　藤原当幹《まさもと》
参議　紀　淑光《よしみつ》
参議　藤原顕忠《あきただ》
参議　藤原元方《もとかた》
参議　源　高明《たかあきら》
参議　伴　保平
参議　藤原敦忠《あつただ》
参議　藤原忠文《ただぶみ》

この時、公卿の中で最高齢は、七三歳の伴保平であるが、最年少は、二六歳の源高明である。西海では藤原純友《すみとも》が、東国では平将門《まさかど》が叛旗を翻し、世情は騒然としていたが、伴保平やこの頃の伴氏が鎮静化をはかる任についた史料を見出すことがない。大伴氏は、かつて、大王に近侍しその命を受け、時には海を越えて出征をし、和戦両様を使い分けて、その任を全うしてきた。その後も、天皇から「内兵」と呼ばれ、期待もされた氏族であった。古代の王権・国家は、衰退著しい京の伴氏が、これまでの大伴氏がはたしてきた役割を、今では担えないことを理解していた。そうであるから、西海や東国の追討に伴氏は「将」として出向くことがなかった。伴（大伴）氏の「歴史」の主舞台からの「退場」を象徴する出来事のひとつである。

京―中央の伴（大伴）氏が、「歴史」の主舞台から「退場」を余儀なくされるまでの歴史をみてきたが、次に、こうした歴史を一部共有しながらも、独自に時代を生き抜いてきた各地の大伴氏の人々に目を転じれば、これまで記してきた中央の大伴氏の歴史とは異なる歴史がみえてくる。それを、次に記すことにしたい。

Ⅲ　三河大伴(部)直氏と三河伴氏

18――三河大伴（部）直氏の地（愛知県豊橋市）
豊橋市賀茂町は，三河大伴（部）直氏とかかわる大伴神社のあった字「御灯田」があり，同社を合祀する賀茂神社が所在する．また，豊川中流域の首長墓である馬越長火塚古墳を含む古墳群は，この地の歴史的環境を考える時に欠かすことができない．

1　三河の国造――三河大伴（部）直氏

三河大伴氏

五世紀の倭王権は、「トモ」の制度を基軸にして、六世紀以降になると、倭王権の経済的基盤となるトモ―べ制（伴造―部民制）を各地に及ぼしていった。その過程で王権直属の有力氏族であった大伴氏は、「部曲《かきべ》」の設置を認められ、各地に大伴部が生まれている。中央の大伴氏は、各地の大伴部を、擬制的に同族関係を結んだ大伴《おおとも》（部《べの》）直《あたい》氏を通じて支配した。

そこには、中央の大伴氏の歴史とは異なる各地の大伴氏の歴史がある。各地に存在している大伴氏は、中央の大伴氏と擬制的同族関係を結んでおり、それは紛れもなく「大伴氏」である。各地の大伴氏の歴史的淵源は一様でなく、時期、地域によっても相違する。そうした地方の大伴氏の歴史を、以下、愛知県東部の三河に展開された大伴直氏―大伴部の歴史の中にみてみることにしたい。

三河国に大伴氏が存在していたことは、『日本書紀』大化二年（六四六）三月十九日条の記述から指摘できる。長文となるが、それを最初に示しておきたい。

（大化二年三月）辛巳、東国の朝集使等に詔して曰く、集侍《うごなわりはべ》る群卿大夫《まえつきみたち》及び国造・伴造、并て諸の百姓等、咸《ことごと》く聴《うけたまわ》るべし。去年の八月を以て、朕親《われみずか》ら誨《おし》へて曰く、官《つかさ》の勢に因りて、公私の物を取ること莫《まな》。部内の食を喫《くら》ふべし。部内の馬に騎《の》るべし。若し誨ふる所に違はば、次官より以上、其の爵位を降し、主典より以下、笞杖を決《さだ》めむ。己に入れむ物をば、倍《あつつか》へて徴《はた》れ、とのたまひき。詔、既に斯《かく》の若し。今、朝集《もうでうごなわる》使及び諸の国造等に問ふ、国司、任《まけ》に至りて、誨ふる所を奉るや不やと。

（中略）是《ここ》を以て、凡《おおよそ》諸の国司、過《とが》の軽さ重さに随ひて、考へて罰《つみ》せむ。又、諸の国造、詔に違ひて、財を己が国司に送る。遂に倶に利《くほさ》を求む。恆に穢悪《あしきこと》を懐けり。治めずはあるべからず。念《おも》ふこと是《かく》の若しと雖も、始めて新しき宮に処《お》りて、将《まさ》に諸の神に幣《みてぐら》たてまつらむとおもふこと、今歳《ことし》に属《あた》れり。又、農《なりわい》の月にして、民を使ふ合《べ》からざれども、新しき宮を造るに縁りて、固《まこと》に已《や》むを獲ず。深く二つの途を感《かま》けて、天下に大赦す。今より以後、国司・郡司、勉め勗《つと》めよ。放逸《あだめきわざ》すること勿《まな》。宜しく使者を遣はし、諸国の流人、及び獄《ひとや》の中の囚《とらえびと》、一《とも》に皆放捨《ゆる》せ。別に塩屋鯯魚《このしろ》鯯魚、此をば挙能之慮《このしろ》と云ふ。神社福草《かむこそのさきくさ》・朝倉君・椀子連《まろこ》・三河大伴直・蘆尾直《すすきお》、四人、並に名を闕《もら》せり。此の六人、天皇に順《したが》ひ奉《まつ》れり。朕深く厥《そ》の心を讃《ほ》美む（『日本書紀』大化二年三月十九日条）。

この史料は、大化改新後に行われた東国への使者派遣にかかわって出された「東国国司詔」である。その内容は、「東国」に派遣された「国司」が任地において行ったことへの功過を問うたもので、不正を行った「国司」とそれらと結んだ「国造」は厳しく処断されたが、「塩屋鯯魚、神社福草、朝倉君、椀子連、三河大伴直、蘆尾直」等の六人は、褒賞の対象となった人たちである。褒賞された六人の内の一人が、三河大伴直である。

三河大伴直らについて、戦後の日本古代史研究をリードしてきた一人である井上光貞氏は、この史料をもとに、「六人の大部分は、八道に遣わされた国司、伴なって上京した国造、またはその一行のうちの人々であると考える。なぜなら、三河大伴直・蘆尾直らは、国造の姓である直の姓をもっている（後略）」と述べている（井上光貞『日本古代国家の研究』岩波書店、一九六五年）。

この指摘は、大過ないもので、大化二年三月十九日条の「三河大伴直」は、「三河大伴」とあるように三河地域に基盤をおく「大伴」を名乗る氏族であり、その姓《かばね》が「直」であることから三河地域の国造と考えられる氏族である。

このように、三河大伴直は、中央の大伴氏と擬制的な血縁関係を結んだ三河地域の有力氏族と考えられるが、その実態に近づくには、三河における国造制の展開の歴史をみておくことが必要である。そこで、三河地域における国造制の展開を以下みておこう。

三河地域における二つの国造

行政単位の律令国制が整備される以前、「国（クニ）」と呼ばれる地域を支配する首長は、「国造《くにのみやつこ》」と呼ばれ、大王と緩やかな臣従関係（み・やつこ）をもつ地域首長とされている。

『古事記』成務《せいむ》天皇条には「大国小国の国造を定め賜ひ、亦国国の堺、及び大県小県の県主を定め賜ひき」とみえ、同様の趣旨が、『日本書紀』の成務天皇条にも「諸国に令して、国郡に造長を立て、県邑《けんゆう》に稲置《いなぎ》を置く」と記されている。

このように、『古事記』や『日本書紀』は、国造と称される大王と緩やかな臣従関係をもつ地域首長が、四世紀半ばの天皇に比定される成務天皇（若帯日子命―古事記、稚足彦尊―日本書紀）の頃に誕生したとするが、これらの記述をそのまま信用することはできない。

今日、国造制の成立を考える上で、最も信頼されている史料は、『隋書』倭国伝の記載であり、そこには、

軍尼《くに》（国）一百二十人有り。なお中国の牧宰《ぼくさい》のごとし。八十戸に一伊尼翼《いなぎ》（稲置）を置く。今の里長の如きなり。十伊尼翼は一軍尼に属す（『隋書』倭国伝）。

と記されている。

すなわち、『隋書』倭国伝の記載によれば、六世紀末から七世紀初頭頃の倭国の実情は、一二〇の「国」（国造）が存在し、「国」の下に一〇〇の稲置が属していたことになる。

この一二〇という国の数は、平安初期の延喜年間（九〇一～九二二）以前に物部氏が同氏の顕彰を目的として編んだ書である『先代旧事本紀《せんだいくじほんぎ》』の「国造本紀」の記す約一三〇の国造の数と近似する点も注目されている。『先代旧事本紀』は、史料としての信憑性が薄いとされているが、「国造本紀」については、『隋書』倭国伝の記述によって裏打ちがとれたものとして、その記述を信用して良いと考えられている。

その『先代旧事本紀』「国造本紀」は、三河地域の国造について、「穂《ほ》国造」と「参河国造」の二国造が存在したことを記している。

すなわち、穂国造は、泊瀬朝倉《はせのあさくら》朝（雄略天皇）の時に、生江臣祖《いくえのおみのおや》葛城襲《そ》津彦命《つひこのみこと》の四世孫菟上足尼《うなかみのすくね》（宿禰）を国造に定めたとされており、参河国造は志賀高穴穂《しがのたかあなほ》朝（成務天皇）の時に、物部連祖《もののべのむらじのおや》出雲《いづも》色《しこ》大臣命の五世孫にあたる知波夜《ちはや》命を国造に定めたとされている（『先代旧事本紀』「国造本紀」）。

『古事記』や『日本書紀』は、国造の成立を成務朝の頃としているので、参河国造の設置記述は一致するが、穂国造の雄略朝とする記述は一致しない。

今日、「国造本紀」が記す穂国造と参河国造は、前者が豊川の流れる東三河にその主要基盤をおいた国造、後者は矢作《やはぎ》川の流れる西三河にその主要基盤をおいた国造と考えられている。

三河大伴（部）直と石神遺跡出土の木簡

『日本書紀』大化二年（六四六）三月十九日条の「三河大伴直」は、次の史料との関係も留意しなければならない。それは、『先代旧事本紀』「天皇本紀」景行《けいこう》天皇六十年十一月乙酉朔辛卯条の記載に、「倭宿禰命《やまとのすくねのみこと》、三川大伴部直祖」とある点である。

景行天皇は、多くの子をもうけ、五五人の皇子の多くを各地に封じたと伝えている。その一人が「倭宿禰命」であり、「倭宿禰命」が「三川（三河）大伴部直祖」であるとしている。

「三河大伴直」と「三河大伴部直」は、「部」の字の有無に相違があるが、その意味するところは、三河地域の大伴部を統括している東三河の在地首長をさし、その姓《かばね》は「直」である。

この二つと同じ氏族名が、史料で確認できる。大伴直氏の例は、史料を『続日本紀』に限定しても、六例ほどみえる。その一つが、次の例である。

（前略）、外従五位下、大伴直南淵麻呂《みなふちまろ》を左兵庫頭《さひょうごのかみ》とする。従五位上伊吉連古麻呂《いきのむらじこまろ》を下野守とする（『続日本紀』天平四年〈七三二〉十月十七日条）。

他方、大伴部直氏は、その例が多いわけでないが、『続日本紀』に、武蔵国入間《いるま》郡の人である大伴部直赤男《あかお》が、亡くなった記事がある。それは、赤男が神護景雲三年（七六九）に西大寺に商布、稲、墾田、林などの寄付をしていたが、亡くなってしまったので、外従五位下を追贈することにしたという記事である（『続日本紀』宝亀八年〈七七七〉六月五日条）。

この二つ氏族名は、双方ともに存在しうる氏族名であるが、三河の場合はどちらであるかを決しがたい。そこで、以下、「三河大伴（部）直」と記すことにする。

「三河大伴直」「三河大伴部直」の二つの記載から浮かび上がる存在は、いずれであれ、三河における大伴部を管掌する氏族である。それは、倭国の大王のトモ―べ制（伴造―部民制）の原理を適用したもので、次のようなシステムとして復元できるものである。

大伴部を管掌する氏族としての三河大伴（部）直氏は、わずかでしかないが、それでも残存する古代三河の関係史料を踏まえると、その主要な基盤のひとつを令制下に三河国八名《やな》郡に区画される地域においていたと考えられる。

そのように考える重要な根拠のひとつに、大伴氏を名乗る氏族が八名郡に存在していたことを示す次のような木簡である。

この木簡は、奈良県奈良市佐紀町の平城京左京一条三坊に該当する地から出土したものである。

参河国八名郡片山里大伴健□

庸米五斗　和銅六年□

「参河国八名郡片山里」のうち「片山里」は、『倭名類聚鈔《わみょうるいじゅうしょう》』には、記載されていない里名である。古代の八名郡（後には設楽郡）に入る新城市に「片山」の地があるが、木簡に記された「片山里」は、この地であろう。

19―三河の「大伴」木簡

「大伴健□」の「健」は名か、あるいは、大伴＋建部《たけるべ》氏の複姓氏族《ふくせいしぞく》名を記載した可能性もある。

「庸米《ようまい》」は、律令税制の「庸」として出した「玄米」のことである。この木簡には、年号が「和銅六年」とあり、七一三年に八名郡片山里の大伴健□が、庸米五斗を税として納めたことが記されている。

同時に、この木簡は、大伴氏が八名郡片山里に分布していたことを物語るものでもある。

さらに、三河における大伴氏の存在を明示する木簡として、奈良県高市郡明日香村飛鳥の石神遺跡第一六次調査で出土した木簡がある。

それは、仕丁として出仕している者への「養物」(食料米など)の送付にかかわる荷札木簡と考えられるものの多くに混じって出土したもので、木簡の表裏に次のように記載されている。

・三川

・大伴

この木簡は、国名(表)と人名(裏)と考えられる墨書があるだけであるが、第一六次調査で出土した他の木簡を考慮すると、八世紀をさかのぼり、七世紀後半に収まる資料となり、その頃、三河に大伴氏が存在したことを示す現状では最古の確実な資料となる。

石神遺跡木簡は、「乙丑年」(天智天皇四年〈六六五〉)の木簡(表―乙丑年十二月三野国ム下評、裏―大山五十戸造ム下部知ツ／口人田部児安)が最古のもので、多くは天武朝〜持統朝にかけての木簡であ

20―石神遺跡出土木簡
（右：表，左：裏）

り、飛鳥浄御原宮《あすかきよみはら》の時代の木簡と考えられるものである。評制の導入、施行にかかわる問題や七世紀後半の倭王権への「仕丁」の派遣やそれへの「養物」の貢上などと深くかかわる木簡が多い。

また、この時の石神遺跡調査によって出土した木簡は、三河国のほぼ全域にわたって評制が施行されたことを物語る木簡を出している点でも興味深い。

すなわち、八世紀以降の令制三河国は碧海《あおみ》郡、額田《ぬかた》郡、加茂郡、幡豆《はず》郡、宝飫《ほお》郡、八名郡、渥美郡の七郡であるが（後に設楽郡が生まれ八郡となる）、飛鳥藤原期の木簡によって次のような五つの評の存在が確認されている。

1　碧海郡　・三川国青見評大市部五十戸人
　　　　　・大市部逆米六斗

2　額田郡　　三川国各田評

3　加茂郡　・□□〔庚寅カ〕年十二月三川国鴨評
　　　　　・山田里物部□□□〔万呂カ〕米五斗

4　幡豆郡　三川国波豆評□〔篠カ〕嶋里大□〔贄カ〕一斗五升

5　宝飫郡　三川穂評穂里穂部佐

注目されるのは、こうしたことだけでなく、1の例にみられるような「青見評《あおみのひょう》」の下位にあたる行政単位が「大市部五十戸人」とあり、「〇〇五十戸（人）」と表記されていることも着目されている。こうした表記は、青見評の場合、他に「知利布五十戸」（後の知立《ちりゅう》里）、「委之取五十戸」（後の鷲取《わしとり》里）があり、波豆評《はづのひょう》の場合、「之者津五十戸」（後の磯泊《しはつ》里）が該当する。

このような記載に着目して、市大樹氏は、飛鳥藤原期の木簡を整理、分析し、国―評の下の行政単位が、当初、「五十戸（人）」と記していたが、天武天皇十年（六八一）から同十二年の間に、「五十戸人」から「里」の表記に移行したことを指摘している（市大樹「飛鳥藤原出土の評制下荷札木簡」『飛鳥藤原木簡の研究』塙書房、二〇一〇年）。律令制下の国―郡―里制以前の地方制度の実態に迫る近年の大きな成果である。

残念ながら、最も知りたい八名郡の場合は、未だ、それらを検討できる木簡が出土していない。しかし、石神遺跡から出土した前記の宝飫郡の「穂評」にかかわる5の木簡は、三河の古代史を考える上で、大変に注目されるものとなっている。

「三川穂評穂里穂部佐」と墨書されたこの木簡は、大宝令制下の国―郡―里制以前の国―評―里制が施行されたことを物語る資料であり、「穂評」が確認され、『倭名類聚鈔』に記録されていない里名である「穂里」の存在やこれまで全く知られなかった部民である「穂部」の存在を明らかにしたものである。

この木簡の記載は、『古事記』開化天皇条と関連させることで、穂国造を考える上でも重要な資料となる。

三川之穂別

『古事記』開化天皇条は、開化天皇—日子坐王系の美知能宇志《みちのうし》王の皇子である「朝廷《みかど》別《わけ》王」が「三《み》川《かわ》之《の》穂《ほ》別《わけ》之祖」とする注目すべき記載となっているが、これまで十分な検討がされてこなかった。

「朝廷別」や「三川之穂別」の「別」は「ワケ」と訓む。また、「別」は王族との擬制的血縁関係をもつ六世紀以前の地域首長に与えられた称号であり、後には君・臣などの姓に替わっていくことが多いとされている。とすれば、「三川之穂別」とは、国造制以前の三河の穂の地域首長を示す呼称として考えられるのである。

しかし、「三川之穂別之祖」の系譜伝承と先記した「国造本紀」が記す「穂国造」の菟上足尼の伝承とは接点が現状ではみつかっていない。

したがって、これまでは、相対的に信憑性が高いとされている「国造本紀」が記す菟上足尼を「穂国造」とする伝承をとりあげて論じることが多く、穂の地域の有力者を意味する「三川之穂別」の伝承については等閑視されてきた。

しかし、この史料が改めて注目できる条件が出てきた。それが、先に述べた石神遺跡からの「三川穂評穂里穂部佐」と書かれた木簡である。

「穂評」「穂里」は、「穂」という特定された地域の名であり、「穂」国造と同様の用字法である。また、「穂部佐」の部分は、「穂部」と「佐」の二つに分けて考えるべきであろう。その上で、「穂部」の意味を問えば、「穂」氏の部民＝部曲とするのが最も素直な理解であると思う。だが、氏族としての「穂」氏については、その存在が疑わしいと思える。そうした場合、「穂」の後ないし前に漢字を補い、氏族名として確定する次の策もあるが、本書ではその可能性もあるということに止めておきたい。

大伴明神・大伴神社と古代の社

大伴氏が、八名郡にいたことを示すさらに重要な史料として『参河国内神明名帳《みかわこくないしんめいめいちょう》』をあげることができる。

『参河国内神明名帳』は平安末期から鎌倉初期に三河の国庁において作成されたと考えられ、その頃の三河国内の神々と神社を知る上で貴重な史料である。そこには、神に授けた位階である神階を基本として、その筆頭に正一位の砥鹿《とが》（大菩薩）大明神をおき、以下、正一位から従三位までを大明神、正四位下から従四位下までを明神、正五位下から従五位下までを天神とし、小初位《しょうそい》七所を末端にすえた序列となっている。

また、八名郡に坐す神々は、「正一位」の「石巻大明神《いしまきだいみょうじん》」を筆頭に、次いで「正四位下」の神階を

表13 『参河国内神明名帳』記載の諸神

	幡豆郡	宝飫郡	八名郡	設楽郡
正一位			石巻大明神＊	
正二位	羽利大明神	赤孫大明神＊		
正三位	内母大明神	津守大明神 御津大明神＊ 菟足大明神＊ 砥神大明神＊ 白鳥大明神 石山大明神		磐倉大明神＊
正四位下		井祭明神 草部明神 和久知明神	大伴明神	
従四位上		白鳥三御子明神		
従四位下	稲束明神 熊来明神＊ 斎宮明神 津牧明神	大蔵明神 冰明神 形原明神＊ 篠束明神 砥鹿三御子明神		須波南宮明神 宇賀御玉明神 土穴明神
正五位下	磯泊天神 蘇美天神 走井天神	宮道天神 磯部天神 佐脇天神 小山田天神 服織天神 加知天神	長孫天神 和田天神 柄山天神 野屋天神 椙山天神 佐井天神 大坂天神 蒜生天神 大村天神 舟多天神	国玉天神 野辺天神 久佐志天神

			河西天神	島田天神 須波天神 石按若御子天神 剣若御子天神
従五位上	草佐天神	市階天神 美々礼天神 竹谷天神 八剣天神 槻井天神 厚木天神 温谷天神 出雲天神 土師天神 石上天神 小田天神 西堂大刀自天神 摩乎虞天神 東堂大刀自天神 竹生天神 神月天神 庭野天神 宮解天神 神本天神 多美河津天神 池上天神 槻村天神	日女天神 伊智験天神 於神天神 小槻天神 黒田天神 大津天神 大社天神 小山天神 国津天神 絹束天神	
従五位下		黒楊天神 穴社天神 善徳天神 大歳天神 桜井天神 溝庭天神 三祭天神		
少初位		今槻若御子 上羽神 御与木秦部若御子 礒宮神	御与神	

*式内社

表14　幡豆郡・宝飫郡・設楽郡・八名郡の式内社

郡	式内社名	神明名帳の神名	所在地
播豆郡	久麻久神社	熊来明神	西尾市八ツ面町麓西尾市熊味町山畔
	羽豆神社		吉良町宮崎字宮前
宝飫郡	形原神社	形原明神	蒲郡市形原町八ケ峯
	御津神社	御津大明神	御津町広石祓田
	菟足神社	菟足大明神	小坂井町小坂井宮脇
	砥鹿神社	砥鹿大明神	一宮町一宮西垣内
	赤日子神社	赤孫大明神	蒲郡市神ノ郷町森
設楽郡	石座神社	磐倉大明神	新城市大宮狐塚
八名郡	石巻神社		豊橋市石巻町金割

もつ「大伴明神」をおいている。いうまでもなく、「大伴明神」を祀る神社が、大伴神社である。神社名、祭神をみれば、この大伴明神は三河大伴氏の産土神《うぶすながみ》であろう。

今日、知られている「神名帳」の伝本はいくつもあるが、いずれも猿投《さなげ》神社の神宮寺である白鳳寺《はくおうじ》旧蔵（現猿投神社所蔵）の「神名帳」の系統に属するものであり、猿投本は「慶安弐年（一六四九）」の奥書をもつ由緒のある写本である。この『参河国内神明名帳』の検討、そして紹介、流布に功績があったのは、幕末、渥美郡羽田村の神主で国学者であった羽田野敬雄《はだのけいゆう》（栄樹《さかき》）である。

著名な国学者である伴信友《ばんのぶとも》の依頼を受けていた羽田野は、天保三年（一八三二）八月十二日に加茂郡上野山村の小野田鴨吉《おのだかもきち》の秘蔵の一本（「上之山本」豊橋中央図書館所蔵）を書写し、猿投神社本との比較も加えている。

こうした基礎的作業を踏まえて著わしたのが、天保十年三月の記文をもつ『参河国内神明名帳集説』（『神祇全書』四、一九〇八年）である。

『参河国内神明名帳』に記載された八名郡の諸神とその神社と参考として幡豆郡、宝飫郡、設楽郡の神社も含めて、その「神階」（神に授けた位階）別に整理すると、前掲の表13ができる。

古代の社と式内社

『令集解』は、貞観年間（八五九〜八七六）頃、『養老令』令文の注釈を集成した惟宗直本《これむねのなおもと》による私撰の注釈書である。その中に、集成された注釈の一つである「古記」は、『養老令』に先立つ『大宝令』の注釈書とされ、今日、散逸している『大宝令』の復元の最も基礎的な史料とされているだけでなく、奈良時代の実情をうかがう貴重な法制史料となっている。

この『令集解』「儀制令」条文の一つである「春時祭田条」に施された「古記」の注記には、古代の村落の主要な祭礼が、「春秋二時」に行われ、それが、春においては予祝の祭り、秋においては収穫の祭りとしての性格をもつものであったこと、老若男女がことごとく集まり、食事と酒が供される祝宴を伴うものであったこと等々が記され、古代の村々の「社《やしろ》」が、人々の生活に深くかかわっていることを教えてくれる。

古代では、このように生活に直接結びついた祭りが、春と秋に各村々で行われており、古代の人々にとって生れ育った村（行政的には里であり郷となる）の「社」は、精神的に大きな意味をもっていた存在であった。

そうであるが故に、古代国家は民衆支配のために村落レベルの「社」をも選別した上で、その統制

21──賀茂神社境内案内板

22──賀茂神社

下に置くことに必死であったのである。

『延喜式』巻九、巻一〇に記載された「式内社」は、その選別の結果の一面をもつものであり、その重要性を示している。

しかし、「式内社」にならなかった「社」が、重要なものでなかったというわけではない。この点が大切である。

八世紀の頃の八名郡に存在した大伴神社は、『延喜式』巻九、巻一〇に記載されていないことから式外の社である。だが、式外になったからといって、大伴神社を奉祭している人々（三河大伴（部）直─三河大伴部）が、その祭祀を行わなかったということなどない。

『参河国内神明名帳』が大伴神社を記載しているのは、古代末期にいたってなお、大伴神社を奉祭している人々の祭祀が連綿と続いていることを物語るものである。正四位下の神階が示すように、その社格も決して低くない。平安末期の大伴明神─大伴神社を奉祭している人々の姿が、そこに反映さ

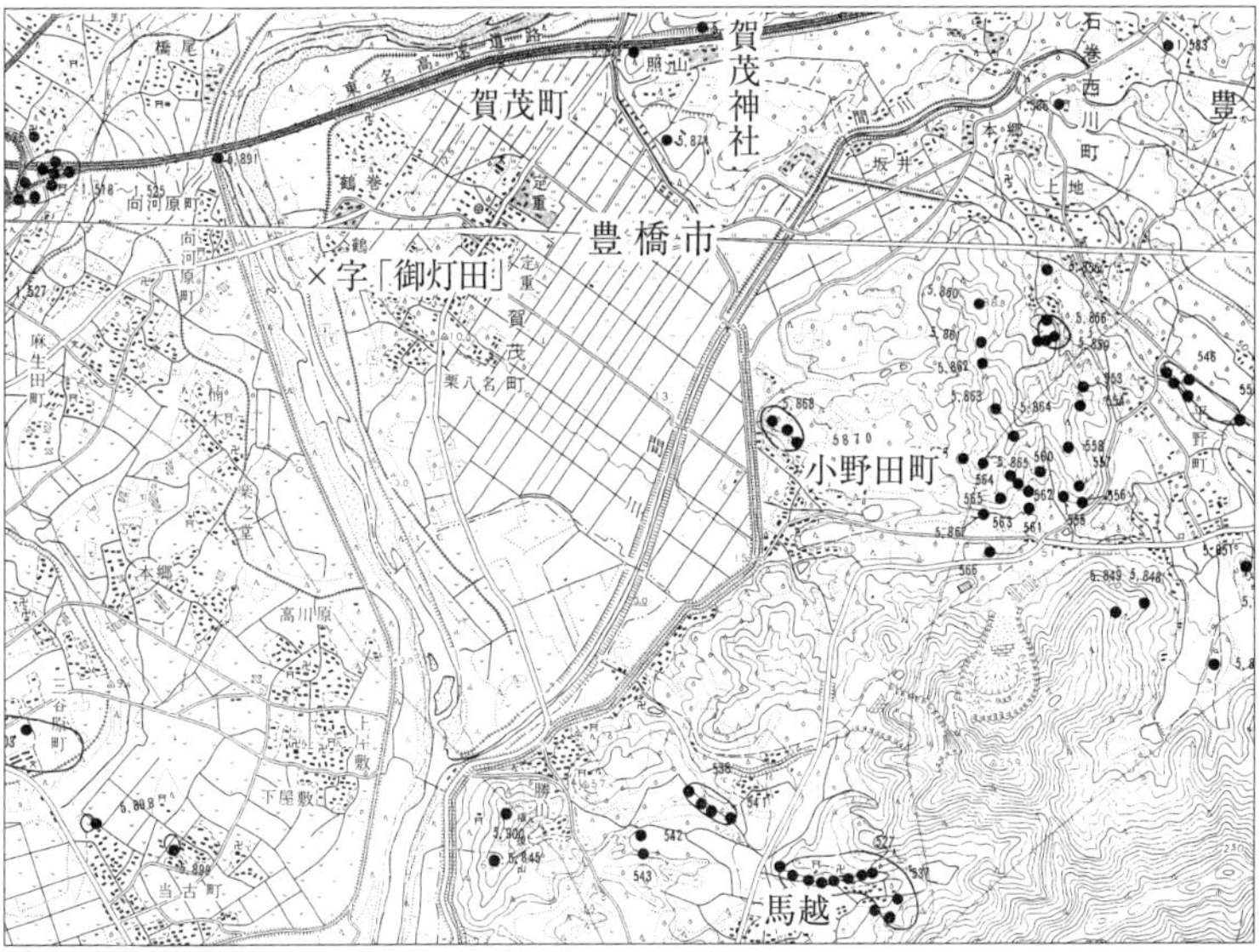

23――字「御灯田」とその周辺

れているとみなければならない。

　そうした大伴神社は、残念ながら、現存しない。だが、現存しなくなった理由はわかっている。豊橋市賀茂町の賀茂神社に合祀されたためである。

　そのことを記す『賀茂神社誌』（賀茂校区文化協会編、一九八九年）によれば、明治四十一年（一九〇八）に賀茂村の字《あざ》「御燈田」に鎮座していた「大伴神社」をその他の神社と一緒に本社に合祀したとあり、その旧地の字「御燈田」は現賀茂町「御《ご》灯田《とうでん》」である。

　賀茂神社への大伴明神の合祀については、先述した羽田野敬雄『参河国内神明名帳集説』に「正四位下大伴明神　坐八名郡　賀茂村賀茂社ノ摂社大伴大明神　社家加藤長門、祭神大伴氏祖天押日命ニ倭宿禰命ヲ合祀ルト社説ニ云リ。

（後略）」と指摘している。

賀茂の地とその周辺の歴史的景観

賀茂町の賀茂神社は、近在の賀茂《かも》別雷神社《わけいかづちじんじゃ》の所領の小野田庄《おのだのしょう》との関連で考えるべきであろう。小野田庄の名は、『吾妻鏡』文治二年（一一八六）十月一日条に、出雲国福田庄《ふくだのしょう》、石見国久永保《ひさながほ》と並んで「参河国小野田庄」とみえており、近代に復活した地名ではあるが、豊橋市石巻小野田町にその名を残している。

他方、賀茂神社に合祀された大伴明神にちなむ名は、今日、地名としては残っていない。合祀したとの伝承と後代の記録に依拠するとすれば、現在、豊橋市賀茂町字「御灯田」とされている地とその周辺地域が、三河大伴（部）直氏の主要基盤となった地であり大伴神社の鎮座していた地であると考えられるのである。

24――字「御灯田」の風景

字「御灯田」の地とその周辺の地は、今日その旧状をとどめていないので想像が難しいが、奈良時代に実施された土地区画の方式である条里制が施行されたことのわかる地である。条里制は、一辺の長さが六町（約六五四メートル）四方の区画を南北に「条」、東西に「里」と数えるもので、四方の区画内はさらにおおよそ一町ごとに六等分し合計三六の小区画を設けて、それを「坪《つぼ》」と呼んだ。

豊橋市内に残っていた条里制の痕跡は、歌川学氏によっていくつか紹介されている（歌川学「東三河地方における条里制の遺構」Ⅰ、Ⅱ、Ⅲ『愛知大学綜合郷土研究』四、六、七、一九六〇年、一九六〇年、一九六二年）。

賀茂地区は、その一つであり、賀茂神社の南方、賀茂集落の東方の旧賀茂村の水田に該当する約九〇町に条里制の施された痕跡があり、それは、昭和三十六年（一九六一）撮影の国土地理院が所持している航空写真によって確認もできるものである。

歌川氏の調査によれば、数字を冠する坪名はなく、また、坪内の地割りはすべて「長地型」であり、堺線の方向は、北から東へ三四度傾いている。

残念なことに、昭和三十九年～四十二年に耕地整理され、現在では、条里制遺構は完全に消滅している。

賀茂神社のある地にも古墳群があったが、現存するものは少ない。そのうち、神山《かみやま》古墳（円墳、径二三メートル）は、未調査であるが、六世紀頃の築造と考えられている。

馬越長火塚古墳

また、この地から南東にあたる豊橋市石巻本町《いしまきほんちょう》には、馬越長火塚《まごしながひづか》古墳（前方後円墳、七〇メートル）がある。馬越長火塚古墳は、賀茂地区と至近の距離のある石巻地区にあり、石巻古墳群の中の主要な古墳である。調査によって、六世紀末葉の古墳に編年できることが判明し、東三河の「国造」級の墓としての位置付けも可能なものとなった。

その主体部は、複室構造の「三河型石室」の横穴式石室であり、その規模は愛知県内では最大級のものである。

ちなみに、「三河型石室」とは、岩原剛氏によれば、1、立柱（柱状の石材）によって石室内を区分する、2、奥壁には大型の石材を使用し、石またはそれに近い構成をとる、3、天井の縦断面形が、弧状を呈する、4、玄室を前後二つに分けた複室構造をとる、5、平面形が大きく張り出した胴張りとなるといった特徴をもつ石室をさし、その影響は東海地域の各地に影響を与えている、とされている（岩原剛「三河の横穴式石室」『吾々の考古学』和田晴吾先生還暦記念会編、二〇〇八年）。

出土品には、ヒイラギの葉のように下端がとがった金銅製の「棘葉形杏葉《きょくようがたぎょうよう》」九点、辻金具二〇点、半球型飾金具四三点、鞍金具などの金銅製の馬具やガラス製のトンボ玉等の優品が出土している。

金銅装馬具の出土は、これまで愛知県では豊橋市内の出土に限られ、他に大塚南《おおつかみなみ》古墳（豊橋市石巻本町）、口明塚南《くちあけづかみなみ》古墳（豊橋市石巻本町）等がある。

また、この古墳は、後円部中央が著しく高く、前方部上段が細長いという特徴ある形状をしている。こうした例は東海地方にはみられないが、西日本の古墳に見出すことができるだけでなく、欽明天皇の墓として有力視されている奈良県の見瀬《みせ》丸山《まるやま》古墳との類似に着目する意見も出されている（土生田純之『古墳』吉川弘文館、二〇一一年）。

(中央)大伴氏

三河大伴(部)直―大伴部を管轄する在地首長＝中央の大伴氏と擬制的血縁関係を結び氏名と姓を獲得する

(三河)大伴部―各地の大伴部＝大伴(部)直の支配下にあり，貢納・奉仕を義務付けられた人々

25―大伴氏の仕組み

穂国造の成立とその展開

国造制の成立については、六世紀以降の成立を説く見解が有力である。こうした理解に従えば、1、穂国造は、当初（六世紀）から三河大伴（部）直であったという理解を導き出す。しかし、前記したように『先代旧事本紀』は、葛城襲津彦命《かつらぎのそつひこのみこと》の四世孫の「菟上足尼」を「穂国造」に任じたとしており、2、穂国造は、「菟上足尼」の系譜に繋がる末裔が、六世紀頃に穂国造に任じられたと考えることもできる。また、これらとは別に、3、穂国造は、「三川之穂別」の末裔が穂国造になったと考えることも可能である。この三つの可能性は、いずれも国造制が成立したと考えられる六世紀初頭から一貫して同一氏族が、国造を務めていたことを前提にしている。

しかし、『先代旧事本紀』の記載を信憑性なしとして斥けるのではなく、その記載を活かして、当初は「菟上足尼」系ないしは、「三川之穂別」の末裔が穂国造であったが、後に三河大伴（部）直氏が穂国造となったと理解する途もある。

これは、六世紀の武蔵国造の場合、国造の地位をめぐる争いの末、その交替があったように、穂国造も途中で交替した可能性を考えることでもある。

これらの点を踏まえるならば、次のように指摘できる。

すなわち、前述の『日本書紀』大化二年（六四六）三月十九日条にみえる「三河大伴直」の記述は史実であり、大化二年頃、東三河の国造である穂国造は、三河大伴（部）直氏であった。ただし、三河大伴（部）直氏が、国造制の始まった六世紀初頭にまで遡って国造であったかどうかは、不明であり、他の氏族が、穂国造であった可能性が十分にあるであろう。

また、豊橋市石巻本町字紺屋谷《こんやだに》が、三河大伴（部）直氏の奥津城《おくつき》であることを十分に証明できれば、馬越長火塚古墳が穂国造の墳墓となるが、研究の現状ではそれができない。

三河地域で大伴（部）直氏、大伴部を名乗るようなった氏族は、倭王権に近侍する大伴氏と六世紀以降に関係を深めて、擬制的血縁関係を結んだ結果、生まれた地域・地方の大伴氏である。その成立当初の擬制的血縁関係が、どのようなものであったかについての詳細は、類推するしかないのが研究の現状である。恐らく、王権直属の中央の大伴氏に、定められた力役の「仕奉」と物品の「貢納」をすることで、「利益」の再分配にあずかるような関係であったと思える。

2 三河伴氏

三河伴氏と『伴氏系図』

三河伴氏は、系譜では、応天門の変で失脚し、伊豆国に流された伴善男《よしお》につながる三河の氏族である。しかし、三河の伴氏の実態は、大化改新後の七世紀中葉頃に、東三河の国造であった三河大伴（部）直氏の末裔であるとみるのが妥当である。そうした彼らが、伴善男に系譜をつないだ意図は、大王・天皇に近侍し、軍事、外交に華々しい活躍をみせてきた雄族の大伴氏の末裔であることを誇るためであろう。

系譜によって、中央の名門貴族の血を引く一族であることを主張し、周囲、近在の他の一族と異なることを証明するために、最も重要なものが、一族の由来、出自を伝える「系譜」であり、それを記した「系図」であった。三河伴氏の場合、今日『伴氏系図《ともしけいず》』として複数伝えられており、その主要なものは『続群書類従』（第七輯下）に収録され、利用もされている。

今日に伝わる『伴氏系図』については、溝口睦子氏の優れた業績があり、「現存『伴氏系図』の最終的成立は近世初頭であるが、三河国の郡司家である伴氏が、最初に大伴氏との同族を主張しようとして、その冒頭部分を作ったのは、おそらく十世紀末から十一世紀中頃にかけての頃であろう」と述べている（溝口睦子『古代氏族の系譜』吉川弘文館、一九八七年）。氏の研究成果は、本書でも、第一章と第二章に分載した大伴氏の系譜を作成する際にも依拠しているところである。

次の図26は、天中主尊《あめのみなかぬしのみこと》を祖とし伴善男にいたる大伴氏の「主流」の系統を抜き出したものである。途中で枝分かれした「傍流」やそれぞれに付いている譜文《ふぶん》（位階、官職、事跡等の系図への書き込み）

26—『伴氏系図』一（天中主尊～善男）

天中主尊—天八下尊—別天三降尊—別天合尊—別天八百尊—別天八十万魂尊—別天八百尊？—高皇彦霊尊—天忍日尊—天津彦日中酢命—天津日命—道臣命—味日命—雅日臣命—大日命—角日命—豊日命—健日命—武持—〈此間三世中絶〉—室屋—談—金村—昨子—長徳（馬飼）┬安麿—旅人—家持—古麿—継仁—国道—善男
　　　　└御行

27—『伴氏系図』二（善男～俊実）

善男—員助—清助—正助—依助—光兼—助重—助高—資兼—親兼—俊実

28—『伴氏系図』別本三（善男～俊実）

善男—員助—清助—正助—依助—光兼—国助—助元—助安—助任—助重—助高—助行—助弘—資兼—親兼—俊実

は、省略している。

図26は、溝口氏の研究に依拠すれば、室屋《むろや》から善男にいたる系譜に問題点をもっている。それは、1、「金村《かなむら》」と「長徳《ながとこ》（馬飼）」の間に「阿彼布古《あひふこ》」なる人物を落としていること、2、「善男」の曽祖父「古麿《こまろ》」の系を「家持《やかもち》」にかけていることの二点である。

溝口氏は、さらに、前者の指摘である『三代実録』貞観三年（八六一）八月十九日条でのみ確認できる「阿彼布古」の名が、甲斐国一宮の浅間神社の宮司家である古屋家に伝わる甲斐の伴氏の系譜を記す『古屋家家譜』の中にみえる「阿被布子連公」と一致することを述べている。

三河の伴氏の一端が分かるのは、「善男」以下の系譜である。図27、図28は、『続群書類従』所収の『伴氏系図』二と同別本三の「善男」から「保元合戦」に参加したことを記す「親兼《ちかかね》」と「俊実《としざね》」の親子までの系譜を図化したもので、父子・兄弟の錯誤があるため、二つの系譜を示すことにする。また、それぞれに付された譜文は、別に示すことにする。

二つの系図は、「光兼」の後をどのようにつなぐかで相違している。『伴氏系図』二は、光兼の後を助重―助高とつないでいるが、『伴氏系図』別本三は、国助―助元―助安―助任とつなぎ、その後を助重―助高―助行―助弘―資兼《すけかね》―親兼―俊実とつないでいる。

『伴氏系図』は、国助と助重を兄弟として系図化したが、それを改めて図化すると、図29のようになる。

29―光兼以降系図

光兼
├国助―助元―助安―助任
└助重―助高―資兼―親兼―俊実

太字で記された国助から助任までが、光兼の後につながると、『伴氏系図』別本三の系譜になる。

『伴氏系図』の譜文―伴善男

三河大伴氏は、伴善男に系譜をつなぐことで中央の大伴氏の末裔として位置付けられる。その結節点に位置する大納言伴善男は、その譜文も多く、興味深い内容を含んでいる。そこで、『続群書類従』に収録されている『伴氏系図』と『伴氏系図』別本三にみられる伴善男の付された譜文から指摘できる点、なお不明な点等を以下記しておこう。

善男に付せられた譜文は、共通して、幡豆郡司の大伴常盛の女の清犬子と婚姻し、伴員助をもうけたことを記している。また、『伴氏系図』二には、「其ノ時、八名郡ニ住ム、額田郡司信任ノ息女」とあり、『伴氏系図』別本三では「八名郡司額田郡信任《ママ》ノ娘」とみえ、子どもには恵まれなかったが、「信任」の女とも、婚姻関係をもっていたことを共通して記している。

前者は、大伴氏が、三河国の沿岸部の幡豆郡で郡司を務める有力者であることを示すものであり、後者は、善男と婚姻した女の父が、前節で述べた大伴神社のある八名郡の郡司ないし別本三の記述では八名郡居住の西三河の額田郡司であり、いずれも八名郡の有力者であることを示している。

伴善男の譜文は、一一、二世紀の三河を考えるポイントを多く含んでおり、その一つに、二人の妻室のために建立した「氏寺」がある。八名郡司の信任の女の氏寺は、金蓮寺《こんれんじ》（別本三では今水寺《こんすいじ》）であり、幡豆郡司の大伴常盛の女、清犬子の氏寺は、正法寺《しょうほうじ》（別本三では善法寺《ぜんぽうじ》）である。幸い、これらの寺は、善法寺を除き、その所在も確かめられる。

金蓮寺は、西尾市吉良町饗庭《あいば》に所在する「阿弥陀堂」に該当する。県内最古の木造建造物で、国宝に指定されている。文治二年（一一八六）に源頼朝が、三河国守護の安達藤九郎盛長《あだちとうくろうもりなが》に命じて建立した三河七御堂の一つと伝え、鎌倉中期のものと考えられているが、創建期が遡る可能性もあり、その場合は、譜文との対応が注目される。

今水寺は、新城市八名井《やない》字今水《いまみず》地内に「今水寺跡」があり、その西谷で一〇～一一世紀のものと推定される集積墓群一ヵ所を検出しており、寺跡の候補になる。しかし、譜文に記述された「今水寺」とは無縁で、中世後期の寺院跡とする意見もある。

この場合、金蓮寺は、西尾市吉良町に所在することから、古代では幡豆郡の寺院となるが、今水寺は、新城市に所在するので、伴善男が「流罪」となった頃は八名郡の寺院となる。

大伴常盛の女の清犬子の「氏寺」は、正法寺と善法寺であるが、後者は不詳である。前者の正法寺は、西尾市吉良町乙川《おつかわ》に所在する「薬師堂」に該当すると考えられ、古代の幡豆郡に属する寺院となる。なお、この比定が妥当であるならば、至近の距離にある古墳時代中期の三河有数の前方後円墳である正法寺古墳（墳長約九四メートル）に留意が必要であろう。この古墳は、三河海部の首長墓とみるべき古墳であり、三河大伴氏の幡豆地域での活動を考える時、海部集団が近在している歴史的条件を忘れてはならないであろう。

所在地不明の善法寺を除き、残る三つの寺院の推定地が、三河大伴氏の奉祭した大伴神社のある八名郡内にあり、系譜にみえる三河伴氏の初期の人らに深い地縁のある幡豆郡にまとまるのは、偶然ではないであろう。

また、二つの系譜がともに「寺料田」の在所として記した「稲春河寺部、杭（抗）里郷音里」の部分は、「杭（抗）里郷」が「こうり」郷とも読めるとすると、幡豆郡の官衙との関連も考えられることになるが、手がかりはみつからない。この部分は、「寺部」の部分が西尾市寺部《てらべ》町の地名に該当することを見出すだけである。

これは、「氏寺」維持のための「寺料田」が、三河伴氏と縁の深い幡豆郡に在ることを示しており、それなりの妥当性がある記述であることを物語っている。

『伴氏系図』の譜文―官職・通称

善男に続く員助から俊実までの伴氏の者に付された譜文は、長短あり、かつ、そのまま史実と認められるか疑わしいものもあるが、二つの系図に記述された譜文を一括して表に示しておこう。

二つの系図にみられる譜文の異同は少ない。加えて、二つの譜文の相違についても、決定的に重要な点での違いは無いといってよいだろう。譜文の記述から、便宜、「官職」と「通称」とした部分だけを抜き出して表にすると、表16ができる。これらの譜文にみられる「官職」や「通称」は、史実であったかどうかの認定が、非常に難しい。したがって、ここでは譜文にみられる特徴や傾向を探り、三河伴氏の平安中期以降の歴史を推測してみたい。

員助から助重までの伴氏の顕著な特徴として、最初にあげるべきは、彼らが例外なく郡司となっているということである。助高以降は、郡司への任用記述がなくなり、「通称」―「設楽」「宇利」等の地名や「伴五」「太郎」等の一族内・家族内の呼び名を用いることが顕著になってくる。

また、依助から始まる国府―国衙在庁の役職を表す「三河大介《だいすけ》」の記述は、注目できるものであろう。国衙「奉事（仕）」の実態を伴わない、虚飾の官職名の名乗り、使用は、考えにくいと思える。ただし、これは「三河大介」だけに限定して、今は考えておきたい。限定付きであれ、「三河大介」の記載が、国衙在庁への「奉事（仕）」していた事実の反映とすると、後に述べるが、後三年の役に舅の兵藤正経《ひょうどうまさつね》とともに河内源氏の源義家《よしいえ》の指揮下で活躍する伴資兼が、「三河大介」を称している。このことを見落としてはならないであろう。

さらに、保元の乱に同じく河内源氏の源義朝の指揮下で活躍する「兵藤武者」と一致する可能性が高い伴親兼も同じように「三河大介」を称している。注目されるのは、息子の俊実も、譜文がそろって「保元合戦」への参陣を記している。これを事実ととれば、父子での参陣となる。なお、「通称」にみられる「設楽」は、延喜三年（九〇三）八月十三日、宝飫郡からその北部、山間部を分立させて設置した設楽郡に因む地域名、地名であり（「延喜式」民部省頭注）、設楽郷、多原郷、黒瀬郷、賀茂郷の四郷で構成された。

表15 『伴氏系図』の譜文（員助〜俊実）

名前	『伴氏系図』
善男	
員助	幡豆郡司ヲ号ス。母ハ幡豆郡大伴常盛ノ娘ノ清犬子
清助	幡豆郡司
正助	幡豆郡司
依助	大判官三河大介
光兼	大屋介八名郡司／海道総追捕使
助重	幡豆郡司
助高	三河半国惣追捕使。八名設楽郡ノ領主ト為ル。伴六介ト号ス。

名前	『伴氏系図』別本
善男	
員助	幡豆郡司ヲ号ス。尉（ママ）幡豆郡大伴常盛ノ娘。清犬子。
清助	幡豆郡司
正助	同郡司古律惣追補（ママ）使
依助	大判官三河大介、八名郡司
光兼	八名郡司海道総追補（ママ）使、大屋介ト号ス。
国助	二郎
助元	郡司海道追補（ママ）使。大屋介ト号ス。幡豆ノ先祖ナリ。
助安	幡豆大夫、大屋介
助任	二郎
助重	幡豆郡司
助高	設楽伴五ト号ス。三河半国惣追補（ママ）使。八名設楽郡ノ領主為ル。伴六介ト号ス。宇利富永ヲ領地トス。
助行	究竟ノ射手。

資兼	三河大介、伴四郎、傔杖。設楽大夫ト号ス。但シ公家御日記蓮華王院絵詞ニ任セテ、助ノ字ヲ改ム。此時ヨリ資ノ字ヲ用ヒル。傔杖。陸奥守トシテ官ニ就ク。義家国司ノ時、資兼ヲ第一傔杖トナシ、第二傔杖ハ弓ノ上手ナリ。内裏南殿ノ池鳥、京中ニテ毬杖ノ玉ヲ射ル。宇治宝蔵ニ納ム。陸奥守兼鎮守府将軍源朝臣義家、永保三年ノ比、奥州ニ武衡家衡ヲ追討セシムル時、資兼将軍方ニ侍シ、先立チ依ッテ、千万ノ軍ヲ進ム。感余リ、薄金トイフ鎧ヲ給フ。仍ッテイヨイヨ勇ヲ成シ戦処ヲ責ム。石弓ニテ甲ヲバ本鳥ヲ具シテ打切ラル。然リト雖モ痺方ナク合戦ヲ致ス。此等ハ委シクハ後三年戦記ニ見ユ。薄金甲、此時失ヒ畢ンヌト云フ。
親兼	富永六郎大夫ト云フ。設楽小六ト号ス。兼実ト改ム。弓ノ上手ナリ。三河大介。保元戦ノ時、義朝ニ味方シ忠ヲ致ス。継母ハ篠田兵藤大夫政経女。継母ヲ養子トシテ、其ノ跡ヲ譲リ畢ンヌ。
俊実	設楽太郎。富永介ト云フ。兼実廿歳子ナリ。保元合戦、源氏ニ忠ヲ致ス。母ハ伊勢国渡会郡外宮神主石川大夫義元ノ娘。

助弘	宇利伴四郎大夫ト号ス。
資兼	三河大介、伴四郎、傔杖。設楽大夫ト号ス。但シ公家御日記蓮華王院絵詞ニ任セテ、助ノ字ヲ改メ、此時ヨリ資ノ字ヲ用ヒル。傔杖。陸奥守トシテ官ニ就クナリ。義家国司ノ時、資兼ヲ第一傔杖トナス。弓ノ上手ナリ。内裏南殿ノ池鳥、京中ニテ毬杖ノ玉ヲ射ル。宇治宝蔵ニ納ム。陸奥守兼鎮守府将軍源朝臣義家、永保三年ノ比、奥州ニ武衡家衡ヲ追討セシムル時、資兼将軍方ニ侍シ、先立チ依ッテ、千万ノ軍ヲ進ム。感余リ、薄金トイフ鎧ヲ給フ。仍ッテイヨイヨ勇ヲ成シ戦処ヲ責ム。石弓ニテ甲ヲバ本鳥ヲ具シテ打切ラル。然リト雖モ痺方ナク合戦ヲ致ス。此等ハ委シクハ後三年戦記ニ見ユ。薄金甲、此時失ヒ畢ンヌト云フ。
親兼	富永六郎大夫ト云フ。設楽小六ト号ス。兼実ト改ム。弓ノ上手ナリ。三河大介。保元戦ノ時、義朝ニ味方シ忠ヲ致ス。継母ハ篠田兵藤大夫政経女。継母ヲ養子トシテ、其ノ跡ヲ譲リ畢ンヌ。富永介。
俊実	設楽太郎。富永介ト云フ。兼実廿歳子ナリ。保元合戦、源氏ニ忠ヲ致ス。母ハ伊勢国渡会外宮神主石川大夫義元ノ娘。

これまで譜文を中心に記してきたが、譜文から類推できる点が、より確実な史実として認定できるようにするには、直接明らかにすることのできる史資料が極めて少ない実情を踏まえれば、平安時代の三河の歴史的環境をおさえた上で検討するのが堅実な方法である。そこで、以下、平安時代の三河の動向を追うことにしたい。

三河国の「資産之輩」—九世紀中葉の三河

伴善男が、応天門への放火の嫌疑で、伊豆国への流刑が執行されたのは、貞観八年（八六六）九月のことであった。『伴氏系図』の善男に付された譜文は、その流刑執行後のこととして、三河の郡司らの女、二人と婚姻を結んだことを記していた。

したがって、二人の郡司やその女らが実在するとすれば、九世紀後半の人となるが、九世紀後半の三河関係史資料に、それらの名を見出すことができない。伴善男の譜文の発端である「善男の三河国への来着」が、事実として認めがたいものであるから、譜文が記す三河の郡司や女らの名が別の史資料で確かめられなくても不思議でない。それでも、系譜に記された人が実在したか、また、譜文に記されたことがあったかの可能性の検討は、それらの人や出来事の歴史的背景を確かめていくことで、推し量ることができるはずである。そこでまず、三河国が国家レベルで把握され、その対処も出さ

幡豆大夫

宇利伴四郎大夫
設楽大夫
富永六郎大夫

表16 『伴氏系図』の譜文（官職・通称）

	官職		通称	
員助	幡豆郡司			
清助	幡豆郡司			
正助	幡豆郡司	惣追補（ママ）使		
依助	八名郡司		大判官　三河大介	
光兼	八名郡司	海道総追捕使	大屋介	
国助			二郎	
助元	郡司	海道追捕使	大屋介	
助安			大屋介	
助任			二郎	
助重	幡豆郡司			
助高		参河半国惣追補（ママ）使	伴六介	設楽伴五
助行				
助弘				
資兼			三河大介　伴四郎	
親兼			三河大介	設楽小六
俊実			富永介	設楽太郎

れたことのつかめる「太政官符」を用いて、三河国の実情をみてみよう。

幸い、『類聚三代格』には、貞観年間の三河国にかかわる興味深い太政官符が載せられているので、それをみてみよう。その太政官符は、貞観十二年十二月二十五日の太政官符（『類聚三代格』巻八、農桑事）である。この官符の内容は少し複雑になっているが、要は、太政官が承和八年（八四一）五月五日付けの太政官符を三河国に下した内容にある。それは、「是国（三河国）は、本来、水・土の便宜が有り、そのためよく官田として国有地である土地の開発に努めてきたが、この頃、この国の事情は、以前と比べ国力も衰え、民も減少している（当今、国衰民少）」という事情をまず記している。

国力の衰亡と民の減少は、国司にとってその治績を問われるだけに放置しておけない問題である。この問題の打開策として示されたのが、天長元年（八二四）八月二十日の「格」であった。それは「諸国の荒田を再開発した場合、その者の生きている間はその耕作を許し、租税も六年間は徴収しない」とした法に准拠して、租税を徴収しない年限を延長して、開発の意欲を喚起させるという策であった。貞観十二年十二月二十五日の太政官符は、三河国にのみ限定していたこの政策を全国に施行することを明らかにしたものである。

太政官符を通してみえてくる九世紀中葉頃の三河の事情は、この国にのみ特殊な事情でなく、全国的な傾向ともいえるものであった。開発ないし再開発が、六年間の租税免除の特典を与えても、それだけではもはや積極的な開発意欲を起こさせない時代になっているのである。また、「当今、国衰民少」とある三河の民の減少は、口分田の維持を困難にさせるだけでなく、開発はおろか荒廃田の増加をもたらし、あまつさえ、租税徴収の減少となっている。

律令国家の租税制度の仕組が、土地に課せられる租や人に課せられる庸、調、中男作物等であったことに思いをめぐらせば、人口の減少という事態が律令国家にとって、また国守にとって、いかに深刻な事態であるかがわかるであろう。この人口の減少は、自然的なものでなく、他国への流入や戸籍制度の形骸化その他の事情によって生じた面が少なくなく、それだけに、きめの細かい国守の国内支配によってのみかろうじて対応出来たのである。

このような時代に即応する策の一つの提言が三河国守によってなされ、実験的に三河で施行され、成果が出たことの結果が全国的な実施へとつながったものと考えられるのである。こうした国守は、当時、国家から「良吏《りょうり》」と呼ばれており、この場合の三河国守は紛れもない「良吏」の一人であったといえよう。太政官符の記述からみると、その具体的な点は不明であるが、三河の場合、九世紀後半は国守による「勧農政策」が功を挙げたとみられ、開発・再開発の気運があがったことを推測してもよいであろう。

同時に、官符の背後に想定できる国守の「勧農政策」を成功に導いた三河国の人々の動きにも目を向けることも必要であろう。延喜二年（九〇二）四月十一日の太政官符（『類聚三代格』巻二〇、断罪贖銅事）は、そうした動きと連動しているとみなせる事態が、進行していることをうかがわせる史料である。

この官符は、一〇世紀初頭に発布されたものであるが、その前代の九世紀の三河の国内を考える時にも考慮すべき点を記している。すなわち、この官符は、河内、三河、但馬三国からの「解」を引き、これらの国が永く疲弊し困窮の民の多いことを述べている。国司が問題としたのは、そうした状況が生れている一方で「資産有りて、従事に堪ふる輩」（資産があって、国からの諸負担の賦課に堪えられる人）が、「諸衛府之舎人」や「王臣家之雑色《ぞうしき》」となっている。彼等は皆、本司、本主の威権を借りて、国郡司らの差科《さか》（命令）に遵《したが》わないという状況であり、そのことが国務遂行の上での困難な事態を引き起こしていることを指摘している。

この官符の注目されるのは、三河において、困窮の輩の存在に対比される存在として資産も有り、国からの諸負担に耐えられる輩がいることである。これを今「資産之輩」と便宜、呼んでおこう。「資産之輩」が、国宰（国司）や県令（郡司）の命に従わないのは、彼等が京の官司の下級役人（諸衛府之舎人）や王臣家の使用人（雑色）になって、その権威を後ろ盾にしているからである。一〇世紀初頭に見出せる「資産之輩」は、九世紀の三河の歴史的展開の中で生成されたものであり、中央の権威との結合によって国務の対捍《たいかん》を行い、私富の蓄積をさらに強めていたことが推測できる。

延喜五年十一月三日の太政官符（『類聚三代格』巻一九、禁制事）は、こうした中央の権威との結合の契機をうかがわせる史料である。この官符は、三河国の「解」を引用して、京に居住する院宮王臣家の「狩使」が冬から春にかけて三河国を訪れ、勝手に「夫馬」と「労民」を徴発し、また、従者等が放縦な行為をすることに迷惑している事情を記している。院宮王臣家の三河国への狩猟が、権威を楯にした夫・馬の徴用を伴っていることの告発である。太政官符は、そうした行為の禁止を命じるが、それが「五位已上及六衛府官人」も含めていることを看過すべきでないだろう。

この場合、狩猟を目的とした三河への下向であるが、そうしたことが「五位已上及六衛府官人」等も可能であった当時の貴族の在り方を考慮しておく必要があり、この官符の内容は平安都市貴族等の三河への狩猟に伴う人馬の駆りたてを禁止するものであった。こうした王臣家や貴族の三河へのかかわりは、国司や郡司にとって国務を遂行する上で大きな障害となっていた。この王臣家、貴族等の三河への狩猟は、「遊興」の域を出るものでないが、こうした狩猟が可能であったのは、三河の人々の事前の準備や狩猟の先導があったからである。国司や郡司が国務の妨げを主張するのは、王臣家、貴族等の狩猟が三河国内の民、とりわけ「資産之輩」との結合を作りだす要因となっているとみるからであろう。

こうした「資産之輩」は、戸田芳実氏や河音能平氏らが提唱された歴史的概念としての「富豪層《ふごうそう》」とみてよい。この「富豪層」とは、穀稲、銭貨、農具などの動産所有と奴婢の支配を基礎に営田と出挙による家父長制的大経営を行う者をいい、古代社会の基礎をなす生産関係を根底で覆す主体を示すものである。

三河国においても、九、一〇世紀を通じて、「資産之輩」が他国の「富豪層」と同様に、田畠の開発や再開発や出挙《すいこ》による高利貸活動を基礎にして成長してきていることを確かめることができる。こうした動きのその後の展開は、史資料の少なさで子細に記すことができないが、それでも一一世紀の第二四半期にいたるといくらか具体的に国内の事情がわかってくる。

『春記』にみる三河の情勢

一一世紀前半の三河の状況をうかがう上で貴重な史料に、春宮権大夫藤原資房《すけふさ》の日記『春記《しゅんき》』がある。資房は、その妻に源経相《つねすけ》という貴族の女を迎えていた。この源経相は、長暦三年（一〇三九）十月七日に六一歳で死去したが、死去の年を含む四年間を三河守として送った。『春記』は、経相の病中そして死去後の経相の後妻（「北方《きたのかた》」）と資房の妻との間の財産相続をめぐるトラブルを細かに記している。そのため、三河守経相の三河での国司在任時に得た財産の処分にも当然関心をもち、日記に細かに記していたことから、はからずも、一一世紀前半の三河の様子をうかがう貴重な史料となっているのである。

『春記』の記主の藤原資房が書き残した記録で最も興味深いのは、長暦三年の頃の三河の様子を記した部分である。そこには、「国内騒動し、万人、各《おのおの》敵を見るが如し、合戦、毎日の事也」と記している。『春記』長暦三年十月三十日条が、このように記した背後で展開している事態は、三河における庄園の形成や「兵《つわもの》」の成立とも関連するものがあり、この記述の重要性は明瞭である。

一一世紀前半の三河の情勢を『春記』の記載の中にみてみると、長久元年（一〇四〇）八月三十日条の次のような記事が、まず、注目される。

□□□司任物、留守所《るすどころ》の支配に依りて、諸郡に催し徴る。而して、当時の参河守、制止を加う。是れ、前司の卒去の後、目代《もくだい》の宛文に依る也（『春記』長久元年八月三十日条）。

注目すべきは、「留守所」の記載であり、「目代」の記載である。史料が示しているのは、三河国では、長暦年間（一〇三七～一〇三九）頃にはすでに留守所支配の体制が整っており、目代を中心とした国守不在時の国衙体制のすでに整っていることである。このことと深くかかわるのが、『春記』長暦三年十月七日条の次のような記載である。

彼国宿人《くにのしゅくにん》等幷国侍《くにのさむらい》等、葬送を過ぎ下向すべきの由を陳べて云う、為資・奉則等の妻は彼国

(三河国)に在り、(中略)為資・奉則は其身在京し、愁悶《しゆうもん》極り無し。尤《もつとも》の道理也。

すなわち、この史料は、留守所の成立と深く関係すると思われる「(国)宿人」「国侍」の身分がすでに成立し、京にある国司の邸宅に勤番する体制の萌芽ないし成立を示す記事である。姓は不詳ながら「為資」と「奉則」の名をもつこの二人のうち、「奉則」は京の倉の出納事務を務めていることから、おそらく「(国)宿人」と目される。「国侍」は国衙に務め、京上にも随伴する警護の兵をさす。こうした国衙に組織された三河国内の者が、国守だった源経相の葬儀に駆り出され、駆使されているが、駆使されている面だけをみてはならないであろう。こうした人々は、王臣家と個別に結合を強めた三河国内における「有勢之輩」に他ならない。

このように三河国衙は、三河国内における有勢者を国衙の役人や兵士として組織し、こうした有勢者を通じて国内支配を行うようになってきたのである。こうした制度を在庁官人制と呼んでいる。在庁官人制は、国衙による国内有力者の組織化であるが、総ての有力者が組織されたわけでないことにも留意しておく必要があろう。つまり、国守―在庁官人によって支配の安定化を図ったものの、それはあくまで相対的なものであり、利害もからんで敢えて在庁官人の途を採らぬ有力者もいたことを忘れてはならないのである。

同じく、『春記』長暦三年十月二十五日条には、国守源経相が重用した「寵人」季弁《きべん》法師がいたが、十月一日に三河国より逃げ出す際に私に蓄えた財は奪い取られ、身一つで逃げ出してきたことが記されている。その理由として、この法師が「国内で悪事を申し行った為」と記されている。国司の近縁の者への襲撃がなされているのをみても、国守―在庁官人の国内支配が揺るぎないものであったとはいえないであろう。

「国内騒動し、万人、各敵を見るが如し、合戦、毎日の事也」。この異様ともいえる長暦年間の事態は、一〇世紀初頭以降の三河国内の流動的状況がもたらした一つの帰結であり、この状況が次の時代を用意していくのである。

古代末期の兵と軍制

『春記』の長暦三年(一〇三九)十月三十日条が、「国内騒動し、万人、各敵を見るが如し、合戦、毎日の事也」と記載していることから、三河国内における集団の武装化はすでに完了していたと推測できる。こうした武装集団は三河国内に散在していたことが推測できるが、武装集団は一面に過ぎず、他面からみれば国内の有勢者とその支配下の住人であった。これら有勢者等の中には土地を寄進して京都の中央権門を本所として仰ぐ者もいれば、国衙とのつながりを深める者もいた。

石井進氏は、古代末期=中世成立期の軍制について、文書や説話物、軍記物等の文学作品を素材にして、一一世紀初めから一二世紀末にいたる時期の地方社会における武力の在り方を検討し、次のように述べたことがある。すなわち、氏は、「一国の軍事力を結集して出撃した際の、いわば最高の動員形態」を示すものとの限定を付けた上で、「ほぼ十一世紀はじめから十二世紀末にいたる時期、特に十一世紀中葉以後の院政期の国衙軍制を、イ　その内実を構成するところの軍事組織、「国ノ兵共」・「国侍」などと呼ばれる「器量に堪ふる輩」の国司による組織を中心とした形態と、ロ　その外枠を構成するところの一般住民への兵士役賦課による体制、の二重構造としてとらえることができるであろう」と結論付けている（石井進「中世成立期軍制研究の一視点—国衙を中心とする軍事力組織について—」『鎌倉武士の実像—合戦と暮しのおきて—』平凡社、二〇〇二年）。

兵、武士の発生論をめぐっては、後に、武士—職能論からする新たな論議も加わり、論議は複雑さを増しているが、本書では、それらの点に深くかかわることはしない。ここで確かめておきたいのは、三河国の場合、前記した『春記』長暦三年十月七日条に「国宿人」と並んでイに分類される「国侍」の身分がすでにみえることである。

これらの事実を踏まえれば、三河国の国衙軍制は、一一世紀前半にはほぼ整備されていたとみて間違いないであろう。

しかし、三河における兵、武士の源流を探る時、前記してきた国衙軍制に帰結させるだけではすまない点がある。それは、永保三年（一〇八三）から寛治元年（一〇八七）の後三年の役に従軍した三河の「兵」のような人々の存在である。

伴資兼と後三年の役

陸奥守源義家《よしいえ》は、永保三年から寛治元年の間の戦役である「後三年の役」で、清原氏の内紛に干渉し、清原家衡《いえひら》を攻め滅したが、その時、三河から義家に従った「兵」がいた。その「兵」こそ、三河伴氏の人、伴資兼である。この資兼は、『伴氏系図』に記載された善男の末裔たちの中で、『奥州後三年記』でその存在を確かめることのできる特別な人であり、そこには、次のように二ヵ所で記されている。

永保三年の秋、源義家朝臣陸奥守になりて、にはかにくだれり。真ひら（真衡《さねひら》）まづたゝかひのことをわすれて、新司を饗応せんことをいとなむ。三日厨《みかのくりや》といふ事あり。日ごとに上馬五十疋なん引ける。其ほか金羽、あざらし、絹布のたぐひ、数しらずもてまいれり。真衡国司を饗応し、をはりて奥へかへりて、なを本意をとげんために、（吉彦《きみこ》）秀武《ひでたけ》をせめんとす。いくさをわかちてわが舘をかためて、我身はさきのごとく出羽の国へゆきむかひぬ。真衡出羽へ越ぬるよしをきゝて、きよひら、家ひら又さきのごとくをそ（襲）ひきたりて真ひらが舘をせむ。其時国司の郎等に参河国の住人兵藤大夫正経《ひょうどうだいぶまさつね》、伴次郎傔仗助兼《けんじょうすけかね》といふ者あり。むこ（婿）しうと（舅）にてあひぐしてこの郡の検問をして、さねひらがたち（舘）ちかくありけるを、真衡が妻つかひをやりていふやう、さねひら秀武がもとへゆきむかへるあひだに、清ひら、家ひらをそひきたりてたゝかふ。

（中略）

伴次郎傔仗助兼といふ者あり。きはなきつはものなり。つねに軍の先にたつ。将軍これをかんじて薄金《うすがね》といふ鎧をなんきせたりける。岸ちかくせめよせたりけるを、石弓をはづしかけたりけるに、すでにあたりなんとしたりけるを、首をふりて身をたはめたりければ、かぶとばかりをうちおとされにけり。甲《かぶと》おちける時、本鳥《もとどり》きれにけり。かぶとはやがてうせにけり。薄金の甲は、此とき、うせたり。助兼ふかくいたみとしけり（『奥州後三年記』）。

後者の史料は、極なき強者＝「兵」の伴資（助）兼が、常に先陣を切って活躍していたことから、鎧「薄金」を拝領して戦場に出たが、石弓をよけた時に「甲」を落とした上にそれを失ってしまったことを深く惜しんだというエピソードである。伴資兼は、源義家の指揮下で動く「兵」の一人であるが、その戦功の著しいこともあり、『奥州後三年記』の記述に占める位置は決して低くない。

前者の史料は、伴資兼が舅で三河の住人兵藤大夫正経とともに「後三年合戦」の戦列に加わっていることが目を引く。この史料は、三河国内の婚姻を通じた「兵」集団間の結合がこの頃には形成されていたことが推測できるものであるが、それのみにとどまるものでなく、兵藤大夫正経と伴次郎傔杖助兼が、ともに源義家の「郎等《ろうとう》」と記されており、河内源氏と主従関係を結んでいることが注目される。

河内源氏は、その出自を清和天皇にもとめ、以後、貞純《さだずみ》親王—経基王《つねもとおう》—多田満仲《ただのみつなか》—源頼信《よりのぶ》—源頼義《よりよし》—源義家と続く清和源氏の一流であり、摂津源氏や大和源氏と並ぶ源氏の主要な系統である。

30——源氏系図

清和——貞純親王——源経基——満仲——┬（摂津源氏）頼光——頼国——頼綱
　　　　　　　　　　　　　　　　　├（大和源氏）頼親——頼房——頼俊
　　　　　　　　　　　　　　　　　└（河内源氏）頼信——頼義——義家——義親——為義——義朝——頼朝

源義家が、後三年の役の段階において、武士の棟梁として、どのような存在であったかについて、かつて、安田元久氏は、「義家は、おそらく参河以東の、ほとんどの国々において、有力な在地武士を私的従者＝「私兵」として組織し、彼自身の武力を構成したものと推定される」と指摘したことがある（安田元久『源義家』吉川弘文館、一九六六年）。

しかし、近年では、元木泰雄氏が、「『奥州後三年記』に、東国武士としてその名がみえるのは、相模の武士三浦為次、鎌倉景正であるが、義家と起居をともにした藤原資通は美濃の軍事貴族首藤氏の出身であり、三河の伴氏も大夫の地位をもつ軍事貴族、藤原季方も滝口として上洛した存在であり、やはり京と関係の深い武士たちが中心である。こうした人々の多くは京で受領郎従として組織され、義家に随行したものと考えられる」（元木泰雄『河内源氏』中央公論社、二〇一一年）と述べているように、源義家を頂点とする巨大、強固な「武士団」ができていたとする論には否定的である。

この主従関係の成立の契機が、どこにあったか不明であるが、国内の有力者らの武装化の進展が、国外の武門の棟梁との「家人」化関係をも生み出していることに目を向けておく必要があろう。また、こうした武装集団が一つの地域に形成されれば、他の地域でも同様な集団が形成されていることが多い。このことを記すには、その前に、三河の「兵」たちの行方をさらに時代を下ってみておく必要がある。というのも、保元・平治の乱に、三河の武者も戦陣に加わっており、それらの武者たちは、紛れもなく、三河の「兵」の後裔である。その姿を、先にみておきたい。

保元・平治の乱と三河の武者

保元元年（一一五六）七月二日、鳥羽上皇が死去すると、以前より危機をはらんでいた権力中枢とその周辺の動きが活発化してくる。天皇と院、摂関家、源氏、平氏、それぞれの内紛が、凝縮してきたためである。天皇と上皇の対立は、摂関家、源氏、平氏らのそれぞれの内部対立と連動し、その対立は父子・兄弟の骨肉相食む争いを激化させ、武者の世の到来を告げる内乱となっていった。それは、この年の七月九日から十一日にかけておこった内乱である。保元の乱の勃発である。その対立の図式は、表17のようになっている。

乱そのものは、七月十一日未明から数時間で崇徳上皇方の敗北で終結している。『保元物語』(「官軍勢汰へ并に主上三條殿に行幸の事」)は、この時の合戦に加わった「兵」らを連記している。

相随ふ輩は誰々ぞ。鎌田《かまだ》次郎政清・河内源太朝清、近江国には、佐々木源三・矢嶋冠者《かじゃ》、美濃国には、吉野太郎・平野平太、尾張国には、熱田大宮司、舅《しゅうと》なりければ、我身はのぼらず、家の子郎等を差遣す。三河国には、設楽兵藤武者、遠江国には、横地・勝田・井八郎、駿河国には、入

表17　保元の乱対抗関係

天皇家	崇徳上皇	後白河天皇
摂関家	頼長	忠通
源氏	為義　頼賢　頼仲 為朝　為仲	義朝　頼政　義康
平氏	忠正　家弘	清盛　基盛

江右馬允・藁科《わらしな》十郎・奥津四郎・蒲原五郎、伊豆国には、藤四郎・同五郎、相模国には、大庭平太・同三郎・山内刑部丞・子息瀧口・海老名源八・波多野小二郎（後略）（『保元物語』）。

勝利した後白河天皇方の源義朝の戦列には、尾張国の熱田大宮司の家の子、郎等や三河国の「設楽兵藤武者」らが加わっている。

尾張国の熱田大宮司は、「舅」であることから、「家の子郎等」を派遣している。尾張氏から藤原氏に代わって初代の熱田大宮司の藤原季範《すえのり》は、乱の前年にあたる久寿二年（一一五五）十二月二日に六六歳で死去しているから、乱時の熱田大宮司は二代範忠《のりただ》である。その範忠が義朝方についたのは、義朝が先代の大宮司であった藤原季範の女婿、範忠の妹の婿という関係からであろう。藤原季範の女の「由良《ゆら》御前」は、源義朝と婚姻して、子どもをもうけており、その一人が源頼朝である。熱田大宮司が「舅」とあるのは、このことによる。

「設楽兵藤武者」は、『保元物語』の異本によれば、「志多良・中条」とある。その具体的な人物が史料で確認できるわけでない。そのため、推測に頼ることになるが、後三年の役に伴資兼と同行した舅が兵藤大夫正経であり、正経の血縁者を想定するのが穏当であろう。この点を踏まえ、さらに『伴氏系図』の譜文に着目しよう。注目すべきことに、親兼と俊実の譜文には、「保元の乱」に加わったとの記載がある。この記載を活かして、「設楽兵藤武者」は、兵藤正経の外孫であり、「設楽小六」とも呼ばれた「富永六郎大夫」こと伴親兼（改名して兼実）か、兵藤正経の外曽孫であり、「設楽太郎」とも呼ばれた伴俊実であった可能性も考えられる。譜文の記述に信をおけるならば、保元合戦には、伴親兼―伴俊実の父子が参加したことになる。また、親兼の母は、兵藤正経の女である。このように、『保元物語』が記した「三河国には、設楽兵藤武者」という記述は、いくつもの想定を可能にしていると考えられる。

保元の乱後の行賞は、平清盛にのみ厚く、摂関家領の没収や戦功第一の源義朝の冷遇となって新たな紛争の種を蒔くことになった。これらのことに、後白河天皇の側近の藤原通憲《みちのり》（入道して信西《しんぜい》）が介在して事態は複雑化し、平治の乱へとつながっていく。

表18　平治の乱対抗関係

天皇家	後白河上皇	二条天皇
摂関家	通憲（信西）	信頼　成親
源氏		義朝　義平 朝長　頼朝
平氏	清盛　重盛	

平治の乱は、保元三年八月に退位した後白河上皇の院政を支持する信西と新天皇として即位した二条天皇の親政を支持する後白河天皇の元側近であった藤原信《のぶ》頼《より》の二派の対立に、保元の乱で戦功のあった平清盛と源義朝の間におきた対立も加わり、平治元年（一一五九）に起きた内紛である。その対立の図式を先と同じように示せば、表18のようになる。

初戦で信西が自害の末に首を刎ねられ、上皇、天皇が幽閉され戦いの行方はみえにくかったが、平清盛の適切な対応と戦功によって結局上皇方の勝利に終った。

平治の乱という歴史的事件に際して、二条天皇・藤原信頼・源義朝方に馳せ参じ、戦闘に加わった人々の名は、『平治物語』「源氏沙汰への事」段が、次のように記述するところである。

義朝もかやうに聞つれとも、（藤原）信頼もいまだかくとも知せず、さればとて源氏のならひに心替あるべからず。こもる勢を記せやとて、内裏の勢をぞ記しける。大将軍には、悪右衛門督信頼、子息新侍従信親《のぶちか》、信頼の舎弟民部権少輔基頼《もとより》、弟の尾張少将信時《のぶとき》、（中略）左馬頭義朝の嫡子鎌倉悪源太《あくげんた》義平《よしひら》・中宮大夫進朝長《しんともなが》・右兵衛佐頼朝・義朝の伯父陸奥六郎義高《よしたか》・義朝の弟新宮十郎義盛、（中略）郎等には、鎌田兵衛政清・後藤兵衛真基《さねもと》、近江国には佐々木源三秀能《ひでよし》、尾張国には熱田大宮司太郎は義朝にはこじうと（小舅）なり、我身はとゞまり、子共《こども》、家子郎等さしつかはす。三河国には重原兵衛の父子二騎、相模国には波多野《はたの》二郎義通《じろうよしみち》・三浦荒次郎義澄《あらじろうよしずみ》・山内首《やまのうちす》藤刑部俊通《どうぎょうぶとしみち》・子息首藤瀧口俊綱《たきぐちとしつな》、（中略）甲斐国には井沢四郎信景を始として宗との兵二百人、以下軍兵二千余騎とぞ記されける（『平治物語』）。

三河からの参陣は、『平治物語』では、「三河国には重原兵衛父子二騎」とみえる、「重原兵衛父子」の二人に過ぎない。『平治物語』が三河国の「兵」について記述するのは、このわずか一三字だけである。わずかではあるが、それでも次のようなことを指摘できるだろう。

まず、「重原兵衛父子」の「重原」は、現在も、愛知県刈谷市に「重原」の地名として残している。この地を含む周辺を基盤とした重原氏は、その地の開発領主とすべきであろう（この地のその後は、子細の不明なところが多いのであるが、「重原庄」の名が史料にうかがえる)。また、「兵衛」と記されており、京に何らかのつながりをもっていたこともうかがえる。平治の乱に騎馬の武者として、親子で駆けつけていることから、三河の地にあっても京とのつながりをなお維持していたことも考えられる。

平治の乱の場合も、重原兵衛父子は、河内源氏の源義朝の傘下に入っており、保元の乱の時の「兵藤武者」、後三年の役の時の伴資兼、兵藤正経らも、河内源氏の指揮下に入っている。

これらの例に、『陸奥話記』にみえる「大伴員季《かずすえ》」の参陣を加えると、河内源氏とのつながりは、さらにさかのぼることになる。すなわち、『陸奥話記』は、源頼義の指揮下の「大伴員季」が、康平五年(一〇六二)、小松柵《こまつのさく》の戦いにおいて、深江是則《ふかえこれのり》らとともに城内に突入した軍功を記している。その「大伴員季」が、三河出身の「兵」とすると、河内源氏とのつながりは、義家以来のものでなく、頼義以来のものとなる。「大伴員季」が、系譜にみえる「伴員助」の名の「員」と通じていることも推定の材料になっているのかもしれない。しかし、「大伴員季」は、系譜をみれば、「助」の字が「通字《とおりじ》」として使用されている時代の人であり、かえって、三河伴氏の人とする断定を困難にするとも考えられる。この点については、結論を保留することにしたい。

また、尾張国の場合、「尾張国には熱田大宮司は義朝にはこじうと(小舅)なり、我身はとどまりて子共家子郎等等さしつかはす」とみえる。それに比べ重原兵衛父子は、二騎での合戦への参加であるが、そのことから過小評価してはならないであろう。すなわち、重原兵衛父子と史料に記されることのあまりないその従者らは、紛れもなく武者の一団＝武士団とみるべき存在なのである。これは、舅の兵藤正経と女婿の伴資兼の結合によって編制された一団＝武士団と、基本的には同じものと考えるべきものである。

三河における武士団の成立は、それを子細に探ることはできないが、一〇八〇年代にその存在を認めることができる。このことは、とりもなおさず、長暦三年（一〇三九）の『春記』が「国内騒動し、万人、各敵を見るが如し、合戦、毎日の事也」と記した状況がより進展し、深刻化していることを意味する。このように指摘できるとすれば、三河国における一〇八〇年代は、三河の武者の歴史を考える上でも重要な年代といえるであろう。

こうした前史を踏まえて、三河国の武士団は、婚姻や主従関係の形成を通じてその結合や離反を重ねる中で育ってきたといえる。保元の乱に登場した三河国の武士団は、そうした武士団の存在を明示したものであるといえるのである。そして、それは、また、大伴氏への「奉事（仕）」が、その主たる仕事であった三河大伴（部）直氏の転身、これまでの歴史と相違して、河内源氏の棟梁の「家人」化する「奉事（仕）」を選択したことを意味するものと思える。

三河伴氏の転身

六世紀以来、三河の大伴部を束ね管理し、大伴氏への「奉事（仕）」を重ねてきた三河大伴（部）直氏は、三河に律令制にもとづく支配、統治の原理と組織が浸透し整備されてくると、国衙、郡家その他の地方行政官や縁を頼りに中央官司に出仕することが一義的なものになり、中央の大伴氏との「奉事（仕）」関係は二義的なものに変わらざるをえなくなる。これは、「公民」制の成立は、それまでの社会的結合にどのように作用したか、という問いに通じるものである。「公民」化されることで、（三河）大伴氏の性質は、自ずと変化していったものと推測される。それでも、なお、（三河）大伴氏は、「大伴」氏を名乗り続けたが、弘仁十四年（八二三）四月二十八日、天皇の諱を避けるため、中央の大伴氏が、「大伴」を「伴」と改めると、その時期は不明であるが、伴氏と改めている。

貞観八年（八六六）九月二十二日には、古代の雄族、大伴氏の血をひく伴氏の宗主である伴善男が、応天門を放火で焼亡したとして伊豆国に流罪となり、その後、参議となった伴保平が、天暦八年（九五四）四月十六日に亡くなると、以後、中央の伴氏の「表舞台」での活躍はみえなくなる。ところが、伴善男が流罪となる大罪を犯し、伴氏の衰退が明瞭であるにもかかわらず、（三河）伴氏は、伴善男の末裔となる系譜を作るにいたっている。その最初の系譜作成の時期は、前述のように溝口睦子氏が「現存『伴氏系図』の最終的成立は近世初頭であるが、三河国の郡司家である伴氏が、最初に大伴氏との同族を主張しようとして、その冒頭部分を作ったのは、おそらく十世紀末から十一世紀中頃にかけての頃であろう」と述べている。

この溝口氏の推論した時期から、少し遅れるが、（三河）伴氏の伴資兼や兵藤正経が、源義家の指揮下で東北に従軍していることもすでに述べたところである。伴資兼と兵藤正経らのこうした一面は、源義家—河内源氏の「家人」と化した一面を示すものである。三河の伴氏は、宗主が流罪の処分を受け、氏族としても衰退著しい大伴氏と絶縁し、新たに河内源氏と「奉事（仕）」関係を一一世紀後半に結んだわけではない。このことの重要性は、大伴氏との関係を本宗の伴善男につなげてその子とする系譜を作り上げる一方で、他方では、河内源氏の「家人」と位置付ける新たな「奉事（仕）」関係を構築する試みが生まれていることである。三河伴氏の転身には、以前より続く擬制的な一族（同族）関係になお執着する面と時代の変化に対応する新たな社会関係の構築をめざす面が共存している。このことを見落とすべきでないだろう。

「敗者」の氏族、大伴氏　エピローグ

積悪之家

貞観八年（八六六）九月二十二日、応天門「放火」事件の関係者らの刑が確定し、伴善男は、伊豆国に流刑となった。だが、左京の人、備中権史生《びつちゆうのごんのししよう》の大宅鷹取《おおやけのたかとり》が告発したことに始まる拘禁・審判を経ての流刑の処断を冷静に検討し直せば、伴善男は冤罪である可能性が大きい。大伴氏の衰退が、「応天門の変」で決定的になるとみて、大伴氏の歴史的敗北がこの時にあったとする見方も根強くある。「敗者」への扱いは、酷く厳しいもので、伴善男の場合、「敗者」だから「放火犯」であったとの断定を生みやすい。確かに、伴善男は、藤原良房、基経に政治抗争で「敗北」したかもしれないが、それが大伴氏の歴史的「敗北」といえるものかについて、軽々な判断はすべきではないだろう。これは、「敗北」を、どのように考えるかにもかかっている。

しかし、政治抗争で「敗北」した伴善男は、勝者の側からの決定的な歴史的評価を浴びせかけられている。

『三代実録』貞観八年九月二十二日条は、伴善男らへの処分を明らかにする勅の中で、貞観の初め

武官の姿

頃に左大臣の源朝臣信と対立がおこり、数年の後に信大臣が謀反を企てているとして誣告し、大臣を陥れるような謀を行っているとして、次ぎのように断罪している。

積悪之家、必有余殃（積悪の家、必ず余殃《よおう》有り）

これは、祖先等が悪事を重ねてきた家には、必ず、その子孫に災いが及ぶ、という意味である。『易経』（坤）の「善を積むの家、必ず余慶有り、不善を積むの家、必ず余殃有り」の句が参考となり、「積善」と対になるように「不善」を「悪」に変えて、句にしたものと考えられる。この句は、佐伯有清氏もその著『伴善男』で注目したもので、光明皇后が使用した「積善藤家」の私印にも言及して論じている。

なお、「積悪」の語は、先に使用例があり、聖武天皇と県犬養広刀自との間に生まれた不破内親王が、その夫、塩焼王との間に生んだ息子の即位を企て称徳天皇を呪詛したとして内親王の身位を剝奪された時、「積悪止まず」と云われている（『続日本紀』神護景雲三年〈七六九〉五月二十五日条）。伴（大伴）氏の「積悪」は、橘奈良麻呂「謀反」計画事件、藤原種継暗殺事件等々が想起されているのであろう。累代にわたる「悪事」を重ねた伴大納言家が、「積善」の家たる藤原氏によって滅ぼされる、という図式が見てとれる。

『三代実録』は、藤原時平、菅原道真等を編者として、延喜元年（九〇一）に成立したとされている。摂関体制の準備は、藤原良房、基経らによって入念に進められてきている。こうした状況下での

「敗者」伴善男への「勝者」の側から下した鉄槌が、「積悪之家」とする断罪であったのである。

『愚管抄』と伴善男

「積善」の家＝藤原氏による摂関政治は、国政運営の一つの理想形態を生み出す基礎ととらえる思考を生み出し、やがて、それは支配的なイデオロギーにまでなっていく。

そうした書の一つでもある『愚管抄』は、天台僧の慈円の史論書で、承久の乱の直前の承久二年（一二二〇）頃成立したが、乱後に修訂が加えられている。

『愚管抄』の中には、伴善男に言及した箇所がある。それは、大きな扱いでないが、次のようなものである。

サテ文徳ノ王子ニテ清和イデキ給。コノトキ山ノ恵亮《えりょう》和上ハ、御イノリシテナヅキヲ護摩ノ火ニイレタリナド申伝タリ。一歳ニテ東宮ニタ、セ給ケリ。九歳ニテ位ニツカセ給ケレバ、幼主ノ摂政ハ日本国ニハイマダナケレバ漢家ノ成王ノ御時ノ周公旦ノ例ヲモチヰテ、母后ノ父ニテ忠仁公良房ヲハジメテ摂政ニヲカレケリ。

（中略）コノ御時伴大納言善男、応天門ヤキテ（源）信ノ大臣ニ仰テ、スデニナガサレントシケルコト、ソノアヒダニハ（藤原）良相ト申右大臣ハ良房ノヲト、ニテ、イリコモラレテ後天下ノマツリコト良相ニウチマカセテアリケルニ、天皇伴大納言ガ申コトヲマコト、オボシメシテ、カウカウトオホセラレケルヲ、ウタガヒオモハデ、ユ、シキ失錯セラレタリケリ。ソレヲバ昭宣公《しょうせんこう》（基経）蔵人頭ニテキ、オドロキテ、白川殿（良房）ヘハセマイリツゲ申テコソ善男ガコトハアラハレニケレ。コレラハ人皆シリタレバコマカニハシルサズ。

伴善男は、応天門を焼き、源信を追い落とそうと計画していたが、丁度その頃、藤原良房は白川殿に入り籠《こ》もっており、弟の藤原良相に政務を任せていたため、幼帝の清和天皇は善男の言を疑いもせずに取り入れていた。その中に重大な失錯（源信の流罪決定）のあるのに気づいたのが、若い藤原基経であって、良房にそれを告げたことで、事なきを得た上、善男の放火したことが露見することになったのである。

引用史料の後半の大要であるが、ここでの話のポイントは、「悪事」を企てる善男、それを見抜けない良相と幼帝の清和という悪い条件にもかかわらず、良房と基経の的確な判断と機敏な行動があったので、誤った政治判断を回避でき、「悪事」を露見させることができた、という点であろう。『愚管抄』が、「ウタガヒオモハデ、ユ、シキ失錯セラレタリケリ」と記し、幼帝清和に厳しい評価を下しているが、それは、先にみた『宇治拾遺物語』「伴大納言、応天門を焼く事」の説話の中にみられる清和の評価と異なっている。また、『愚管抄』が藤原基経を話の展開の中に潜ませている点も含め、そこに作為の時代差をみることができる。

清和幼帝の下、「応天門の変」があったが、藤原良房（後には基経も含めて）のような「賢人」「賢臣」の輔佐によって、無事に対応できたことを実績（「忠仁公故事」）として、「賢人」「賢臣」の補佐体制――その一つの形態が「摂関体制」――が、国制に必備のものと理解されていくようになり、

『愚管抄』などへも引き継がれていくのである。

政治的「勝者」の藤原氏は、「勝者」になったが故の労苦を以後も積み重ねることになる。藤原良房、基経等に代表される藤原氏は、「賢人・賢臣の補佐体制」が、藤原氏だけによって維持されるものでないことを誰よりもよく知っていたと思える。そうであるが故に、藤原氏だけで輔佐体制が持続されるために、同族との争いにおいても、その抗争は熾烈を極めざるを得なかったのである。

行疫流行神となった善男

他方、政治的「敗者」として伊豆に流された伴善男は、貞観十年（八六八）に配所の伊豆で死去している。ところが、伊豆国で亡くなったはずの善男が、説話の中では、「行疫流行神《ぎょうやくるぎょうじん》」となって都に舞い戻っている。『今昔物語集』巻二七「或る所の膳部、善雄伴大納言の霊を見し語」第一一は、そうした説話である。

説話は、その冒頭に、「天下ニ咳病盛《しき》リニ発《おこり》テ」と記しているから、善男の生きた時代の貞観年間を想定しているのであろう。実際に、貞観五年（八六三）と貞観十四年には平安京で「咳逆」病（咳の出る病気）が大流行している。

そのうち、貞観五年正月の「咳逆」は、前年の末から流行りだし、年を越して正月には京都市中や畿内だけでなく、その猛威は、畿外にまで及ぶ大流行であり、多数の死者を出していた。

説話の「咳病」は、死に至る猛威をふるう「咳逆」病と異なるニュアンスが強い。説話の中の伴善男を理解する重要なポイントであるので、「行疫流行神」の独白の部分を抜き出しておこう。

我レハ此レ、古へ、此ノ国ニ有リシ大納言、伴ノ善雄ト云シ人也。伊豆ノ国ニ被配流《はいるせられ》テ、早ク死ニキ。其レガ行疫流行神ト成テ有ル也。我レハ心ヨリ外ニ公ノ御為ニ、犯ヲ成シテ、重キ罪ヲ蒙レリキト云ヘドモ、公ニ仕ヘテ有シ間、我ガ国ノ恩多カリキ。此レニ依テ、今年天下ニ疾疫《しつやく》発テ、国ノ人皆可病死《やみしぬべ》カリツルヲ、我レ咳病ニ申行ツル也。然レバ世ニ咳病隙《ひま》无《な》キ也。我レ、其ノ事ヲ云聞カセムトテ此ニ立タリツル也。汝ヂ不可怖ズ、ト云テ、掻《かき》消《け》ツ様ニ失《うせ》ニケリ。

それは、「今年天下ニ疾疫発テ、国ノ人皆可病死カリツルヲ、我レ咳病ニ申行ツル也」とあるように、本来、多くの人の亡くなる「疾疫」が大流行するはずであったが、自分（行疫流行神）が「咳病」の流行にしたのであると語っているところに現れている。なぜそうしたのかは、その前段の一文に明らかで、心ならずも「公ノ御為」に犯を成し、重罪となったが、公に仕えていた間に多くのご恩を蒙ったからと述べている。「行疫流行神」は、「咳病」が流行している理由を「膳部《かしわで》」に説明しおえると、瞬く間に居なくなった。

ここには、猛威をふるい恐れられている御霊とは異なる「行疫流行神」の姿があり、よく見れば、「人ノ体ノ気高ケレバ、誰トハ不知ネドモ下臈《げろう》ニハ非ザメリ」と記すように、風体は気高くみえ、とても下賤の者といえるような姿ではない。それは、平安時代末期の頃の成立かともいわれる『今昔物語集』の時代の一つの伴善男像に他ならない。貞観五年は、多数の人々が流行病の疫気に斃れた年であり、その慰霊のための祭礼である神泉苑御霊会の始まった年でもある。

いうまでもなく、御霊会とは、非業の死や不運な地位に堕とされて憤死した人の怨霊を鎮め、これを神として祀り、慰霊する祭りをいう。御霊とされたのは、崇道《すどう》天皇（桓武天皇の弟早良親王）、伊予親王（桓武の皇子、平城天皇の弟）、藤原（吉子）夫人（桓武の妃、伊予親王母）、橘逸勢《たちばなのはやなり》、文室宮田麻呂《ふんやのみやたまろ》である。

説話の善男は、「行疫流行神」であるが、非業の死を遂げたが故に猛威をふるう神ではない。「我レハ心ヨリ外ニ公ノ御為ニ、犯ヲ成シテ」とあるように、子細は不明であるが、善男の「犯」が、複雑な事情のあることを示唆しており、正史が「積悪之家」の犯罪者と断じた評価とは一線を画している。

三河伴氏

中央の大伴氏が伴氏に氏名を変えると、三河大伴氏もその名乗を（三河）伴氏と変えている。そのことから、中央の大伴氏・伴氏との関係が全くないわけではないということがわかるが、それ以上のことはわからない。

『今昔物語集』（巻二三「相撲人私市宗平、鰐を投げ上げる語」第二三）には、駿河国出身の私市宗平《きさいちのむねひら》という相撲人と並んで、三河国出身の強力の相撲人である「伴勢田世《とものせたよ》」の名を記している。その姓からして、東三河の伴氏一族の者であろう。

この相撲人が、官に出仕を求めて上京する場合、縁故を頼るのが一般的であるが、中央の大伴氏・伴氏が、「同族」という血縁で地方の大伴氏・伴氏の便宜をはかることがあったであろうか。氏族によって相違があり、時期が下るほど関係は希薄になるであろうということは指摘できるであろう。

中央の大伴氏や伴氏は、大王・天皇に近侍し、大王・天皇の側近として「奉事（仕）」してきた。地方の大伴氏は、それを支える存在として、中央の大伴氏と擬制的血縁関係によってつながっていた。しかし、律令制にもとづく官僚制国家が完成し、「公民」制も制度として社会に浸透すると、地方の大伴氏や伴氏がこれまで務めていた中央の大伴氏や伴氏への「奉事（仕）」が、第一義の意味をもたなくなる。そのようになれば、これまで擬制的血縁関係によって維持していた一族・同族の意識が希薄になるのは当然であろう。

七世紀後半に国造であった三河大伴（部）直氏は、その後、三河の国衙や郡家の地方官僚に転身を遂げていったと推測できる。その一端は、『伴氏系図』の譜文にみえる「幡豆郡司」「八名郡司」等の郡領や「三河大介」のような国衙の官名の記述に反映しているものと考えることができる。

しかし、律令制にもとづく官僚制国家の完成によって、これまでの擬制的血縁関係にもとづく社会的結合関係は、そのまま消滅していくわけではなく、残存する。残存し、マイナー化した擬制的血縁関係にもとづく社会的結合は、形骸化・形式化していく傾向を免れないが、消滅していないことに留意が必要である。

こうしたことを証明するのが、『伴氏系図』の作成ではないかと思う。時期的には、少し遅れるが、河内源氏が、各地の「兵」集団を個別に「家人化」していた状況に、三河伴氏が対応している姿を、後三年の役に従軍する兵藤大夫正経と伴傔仗資兼の東三河の「兵」集団に見出すことができるのである。それは、王権に近侍する「侍《さぶらい》」集団の棟梁に「奉事（仕）」する新たな社会的結合関係の形成に他ならない。

三河伴氏は、河内源氏と新たな「奉事（仕）」関係を構築し、新しい時代の潮流との接点を着実に設ける一方で、他方で、大伴氏との関係を本宗の伴善男につなげてその子とする系譜を作り上げ、すでにマイナー化した社会的結合関係である中央の伴氏との接点も新たに作っている。

この『伴氏系図』への系譜の接続は、中央の伴氏の「敗北」無くして、実現できるものでなかったと思える。

それは、系図の「横領」を容易にさせる時代の到来、古代の「敗北」をいち早く見通した三河伴氏の先見性なのかもしれない。

あとがき

二〇一四年の三月某日、それは授業がないだけの状態で、忙しい日々を送っていた春季休暇中の一日であったが、早朝の新幹線に乗り、愛知県豊橋市を訪ねた。

この時、すでに本書を書き終え、原稿も渡していたが、本文で使用する写真の補充撮影も兼ねた、念を入れての現地調査のためである。豊橋市の目的地は二つあった。ひとつは、本書で三河大伴氏の本貫地とした、『三河国内神明名帳』に記す「大伴神社」の所在地であった豊橋市賀茂町の字「御灯田」の地であり、ふたつめは、近くにある「大伴神社」を合祀した賀茂神社の地である。

これらの地は、かつて愛知県に在住していた折やその後も何度か訪ねたことがあるので、特別の発見があったわけでなかったが、本書のIII—1に載せた地図（図23）を見てもらえればわかるように、賀茂神社の近在に賀茂別雷神社の所領である小野田庄が想定できる地でもある。その展開は、伴氏—伴氏武士団の動向とともに一二世紀以降の東三河の中世を考える上で大きな意味をもつことが推測できる。こうしたことを強く感じることのできた現地調査であった。

本書は、「敗者の日本史」の企画への誘いを受け、企画に相応しいテーマの選定に悩んだ末、ようやく書き上げたものである。悩みの主たる理由は、「敗者」の語に強い意味が込められていることを考えたからである。古代の場合、「敗者」の語に連動して思い浮かぶのは、「女性」である。もっとも、近年では、こうした連想は、直ぐに思い浮かばない方も増えているかもしれない。

かつて、F・エンゲルスは、『家族・私有財産・国家の起源』の中で、「母権制の転覆は、女性の世界史的敗北であった」と指摘したことがある。この指摘は、今日、機械的な適用が許されるものでないが、それでも、「女性の世界史的敗北」といわれる歴史的体験を日本の古代が、どれほど共有しているかを検証する試みは、もっと取り組まれて然るべきであろう。それは、日本古代の女性史を、世界史的に比較し、その共通性と差異性を鮮明にする取り組みになるはずである。

しかし、想い悩みはしたが、研究が多面にわたって進んでいる日本古代の女性史の研究を的確にまとめる力のないことから、このテーマは諦め、次に、この企画に相応しいテーマとして「氏族」を考えてみた。これもまた、「氏族社会の廃墟」の上に国家が成立するとみた『家族・私有財産・国家の起源』の中の古典的な提言を意識したものである。勿論、こちらも、「プロローグ」に記したように、日本古代の「氏」は二次的・政治的に編成されたものであるから、単純な適用を許すものでない。このことを踏まえた上で、「大伴氏」をとりあげることにした。

あまりに常識的な選択であったかもしれないが、藤原氏と対比的にとらえられる大伴氏の歴史を擬制的血縁関係にある地方の大伴（部）直氏—大伴部も含めて、それらを広義の大伴氏として、その時代的変遷を検討してみるのは、「氏族」研究の基本的な取り組み方でもあると思える。

これまで、古代の王権・天皇制の制度的・構造的分析や古代社会・共同体の実態分析を重ねてきたが、今回、「大伴氏」に取り組んでみて、氏族研究の面白さを味わうことができた。それは、二次的・政治的に編成された「氏族」の歴史の面白さである。

ただし、日本の古代氏族の研究は、こうした面白さだけで満足すべきでなく、新しい地平をめざすべきであろう。その一つが、吉田孝氏の『律令国家と古代の社会』（岩波書店、一九八三年）に結実した、古代氏族論への批判的検討を踏まえた古代氏族の研究であろう。本書は、そのための一里塚であり、残した課題は、今後の研究に期したい。

二〇一四年七月

荒木敏夫

参考文献

荒木敏夫『日本古代の皇太子』吉川弘文館、一九八五年
同　『可能性としての女帝』青木書店、一九九九年
同　『日本古代王権の研究』吉川弘文館、二〇〇六年
同　『日本の女性天皇』小学館文庫、小学館、二〇〇三年
同　『古代天皇家の婚姻戦略』吉川弘文館、二〇一二年
同　『日本古代の王権』敬文舎、二〇一三年

Ｉ　律令以前の大伴氏

加藤謙吉『大和政権と古代氏族』吉川弘文館、一九九一年
倉本一宏『日本古代国家成立期の政権構造』吉川弘文館、一九九七年
佐藤長門『日本古代王権の構造と展開』吉川弘文館、二〇〇八年
志田諄一『古代氏族の性格と伝承』雄山閣、一九七一年
竹内理三『律令制と貴族政権』一、お茶の水書房、一九五七年
直木孝次郎『日本古代兵制史の研究』吉川弘文館、一九六八年
長山泰孝『古代国家と王権』吉川弘文館、一九九二年
平野邦雄『大化前代社会組織の研究』吉川弘文館、一九六九年

吉川真司『律令官僚制の研究』塙書房、一九九八年
吉田　孝『律令国家と古代の社会』岩波書店、一九八三年
吉村武彦『日本古代の社会と国家』岩波書店、一九九六年

Ⅱ　奈良・平安時代の大伴氏

伊集院葉子「女性の「排除」と「包摂」―古代の権力システムのなかの女官―」総合女性史学会編『女性官僚の歴史』吉川弘文館、二〇一三年
牛山佳幸「「永隆寺文書」と永隆寺」『古代文化』三八－九、一九八六年
尾山篤二郎『大伴家持の研究』大八洲出版、一九四八年
北山茂夫『大伴家持』平凡社、一九七一年
今　正秀『藤原良房』山川出版社、二〇一二年
同　『摂関政治と菅原道真』吉川弘文館、二〇一三年
佐伯有清『伴善男』吉川弘文館、一九七〇年
瀧浪貞子『日本古代宮廷社会の研究』思文閣出版、一九九一年
玉井　力「承和の変について」『歴史学研究』二八六、一九六四年
虎尾達哉『日本古代の参議制』吉川弘文館、一九九八年
西野悠紀子「律令体制下の氏族と近親婚」『日本女性史』一、東京大学出版会、一九八二年
林　陸朗『上代政治社会の研究』吉川弘文館、一九六九年
福井俊彦「承和の変についての一考察」『日本歴史』二六〇、一九七〇年

福山敏男『奈良朝寺院の研究』増訂版、綜芸舎、一九七八年
山本健吉『大伴家持』筑摩書房、一九七一年
横田健一『白鳳天平の世界』創元社、一九七三年

Ⅲ　三河大伴直氏と三河伴氏

市　大樹『飛鳥藤原木簡の研究』塙書房、二〇一〇年
岩原　剛「三河の横穴式石室」『吾々の考古学』和田晴吾先生還暦記念会編。二〇〇八年
歌川　学「東三河地方における条里制の遺構」Ⅰ、Ⅱ、Ⅲ『綜合郷土史研究』四、六、七、一九六〇年、一九六〇年、一九六二年）
岡崎市教育委員会『新編岡崎市史』第一巻、原始・古代（本文）編、一九九二年
河内祥輔『保元の乱・平治の乱』吉川弘文館、二〇〇二年
豊橋市教育委員会『馬越長火塚古墳群』豊橋市、二〇一二年
野口　実『源義家』山川出版社、二〇一二年
土生田純之『古墳』吉川弘文館、二〇一一年
樋口知志『前九年・後三年合戦と奥州藤原氏』高志書院、二〇一一年
溝口睦子『古代氏族の系譜』吉川弘文館、一九八七年
元木泰雄『河内源氏』中央公論社、二〇一一年
安田元久『源義家』吉川弘文館、一九六六年

略年表

西暦	和暦	事項
422	允恭天皇11	3.『日本書紀』に「大伴室屋」の名がみえる.
465	雄略天皇 9	3.『日本書紀』に「大伴談」の名がみえる.
512	継体天皇 6	「任那四県」を割譲する.
527	21	6. 筑紫の国造, 磐井が反乱をおこす.
540	欽明天皇元	大伴金村に,「任那四県」の割譲に際して賄賂を受けた疑惑がかかる.
562	23	8. 大伴狭手彦が,「大将軍」として高句麗に入り, 王宮から種々の財宝と女性を捕らえ, 天皇と蘇我稲目に献じる.
588	崇峻天皇元	崇峻のキサキとして, 大伴小手子の名がみえる.
608	推古天皇16	8. 隋使裴世清らが来倭. 大伴咋が, 小墾田宮での迎接儀礼に加わる.
610	10	10. 新羅・任那の使節が来倭, 大伴咋が, 小墾田宮での迎接儀礼に加わる.
629	舒明天皇元	1. 舒明即位.
632	4	10. 大伴馬養(長徳), 唐国の高表仁等を難波江口で迎える.
642	皇極天皇元	1. 皇極即位.
645	大化元	6. 乙巳の変(蘇我入鹿殺害され, 蝦夷自害), 孝徳即位. 12. 難波遷都.
646	2	3. 東国国司詔に,「三河大伴直」の名がみえる.
649	5	3. 大伴狛が蘇我倉山田麻呂を追討する軍の中にみえる. 4. 大伴長徳が大紫(大化冠位の第五位)を授けられ, 右大臣となる.
655	斉明天皇元	1. 斉明即位.
660	6	〈この年, 百済国滅亡〉
663	天智天皇 2	8. 白村江戦で大敗.
668	7	1. 天智即位. 〈この年, 高句麗国滅亡〉
670	10	12. 天智死去.
672	天武天皇元	6. 壬申の乱. 6.24 大海人に元より従う20人余の中に大伴友国・大伴馬来田の名がみえる. その他, 吹負・安麻呂らが大海人軍に加わる.
673	2	2. 天武即位, 鸕野大后となる.

西暦	和　暦	事　　　　項
683	天武天皇12	八色の姓の制の実施．12. 大伴「連」から「宿禰」の姓となる．
686	朱鳥元	9. 天武死去，鸕野大后称制．10. 大津自害
689	持統天皇 2	4. 草壁死去．6. 飛鳥浄御原令を班布．
690	4	1. 持統即位．7. 高市，太政大臣となる．9. 庚寅年籍を造る〈唐　武照皇太后，皇帝に即位〉
694	8	1. 大伴御行，さらに封戸 200 戸を加え 500 戸を賜り，「氏上」ともなる．
697	文武天皇元	2. 珂瑠立太子．8. 持統譲位・文武即位．
701	大宝元	1. 大伴御行，死去．
702	2	12. 持統太上天皇死去（58 歳）．
707	慶雲 4	6. 文武死去（25 歳）．7. 元明即位．
710	和銅 3	1. 大伴旅人が，元日朝賀の儀に際して，皇城門外の朱雀大路に左将軍として騎馬し，威儀を整える．
714	7	5. 大伴安麻呂死去．
715	霊亀元	9. 元明譲位，元正即位．
718	養老 2	3. 大伴旅人，中納言となり参議にもなる．この年，大伴寺完成か．
720	4	3. 大隅隼人が，反乱．旅人，征隼人持節大将軍として出征する．
721	5	12. 元明太上天皇死去（61 歳）．この年，大伴寺を奈良坂の東谷，般若山の佐保河東山に移建する．
724	神亀元	2. 元正太上天皇譲位，聖武即位．
728	5	9. 皇太子某王没．県犬養広刀自，安積親王を生む．
729	天平元	2. 長屋王・吉備内親王，自尽．8. 光明子立后．
731	3	7. 大納言従二位の大伴旅人死去．「資人」の余明軍が挽歌を残す．この年，正四位下の大伴道足が参議となる．
733	5	11. 大伴坂上郎女，氏神祭りに参加し歌を残す．
740	12	9. 藤原広嗣の乱．12. 恭仁京遷都．
744	16	2, 3. 安積皇子に挽歌 6 首を献じる．
745	17	1. 大伴家持，大伴古麻呂とともに従五位下に叙せられる．
749	天平感宝・勝宝元	7. 孝謙天皇即位．

西暦	和　暦	事　　　　項
756	天平勝宝 8	5. 大伴古慈斐が，朝廷を誹謗し拘束される．家持，「族に喩す歌」を詠じる．
757	天平宝字元	1. 橘諸兄死去（74 歳）．3. 道祖皇太子廃太子．4. 大炊王立太子．7. 橘奈良麻呂の乱で，大伴氏から多くの「謀反」計画への関係者を出す．
758	2	8. 淳仁即位．藤原仲麻呂，太保（右大臣）となる．
759	3	1. 因幡国庁で郡司等と饗宴し，歌を作る．以後，家持の歌はを作らなくなったとされる．
760	4	1. 藤原仲麻呂，太師（太政大臣）となる．6. 光明皇太后死去（60 歳）．
764	8	9. 藤原仲麻呂の乱．道鏡，大臣禅師となる．10. 淳仁を淡路に退け，廃帝とする．孝謙太上天皇，重祚．
770	宝亀元	8. 称徳死去（53 歳）．道鏡を下野に左降．白壁王立太子．10. 光仁即位．12. 井上立后．
775	6	この年，大伴駿河麻呂，参議となる．
778	9	1. 大伴伯麻呂，参議となる．
780	11	この年，大伴家持,，参議となる．
785	延暦 4	8. 中納言，従三位，春宮大夫兼持節征東将軍の大伴家持，任地の陸奥国で死去．9. 造営中の長岡京を視察していた藤原種継が殺害される．翌日，その首謀者として大伴竹良と大伴継人がその与同者とともに捕らえられる．
806	大同元	3. 桓武死去（70 歳）．即日，故大伴家持が従三位に復され，大伴継人が正五位上に，大伴真麻呂と息子の大伴永主が従五位下に復されている．
811	弘仁 2	この年，伴善男誕生．
823	14	4. 大伴国道，天皇の諱（大伴）を避け，伴氏と改姓する．
842	承和 9	7. 承和の変，伴健岑が首謀者の一人となる．
848	嘉祥元	2. 伴善男，参議となる．
863	貞観 5	1. 咳逆病が大流行．5. それへの対策から，神泉苑御霊会が修される．
864	6	5. 駿河国の富士山大噴火（貞観噴火）．
866	8	閏 3. 応天門焼亡．9. 伴善男と中庸，同謀者の紀豊城，伴秋実，伴清縄等の 5 人を遠流とする．

西暦	和　暦	事　　　　　　　項
869	貞観11	5. 陸奥国で大地震と大津波（貞観大津波）.
938	天慶元	伴保平，参議となる.
954	天暦 8	4.16 参議伴保平死去.
1039	長暦 3	10.30『春記』が，「(三河）国内騒動し，万人，各敵を見るが如し」と記す.
1083	永保 3	この年，「後三年の役」. 三河伴氏の人，伴資（助）兼が，源義家に従い清原氏を討つ.
1156	保元元	7. 保元の乱. 後白河天皇方の源義朝の戦列に，三河国の「設楽兵藤武者」の名がみえる.
1160	平治元	1. 平治の乱. 二条天皇方の源義朝の戦列に三河国の「重原兵衛父子」の名がみえる.

著者略歴
一九四六年　東京都に生まれる
一九六九年　早稲田大学教育学部社会科地理歴史専修卒業
一九七五年　東京都立大学人文学部大学院人文科学研究科史学専攻（博士課程）中退
現　在　専修大学文学部教授
〔主要著書〕
『日本古代の皇太子』（吉川弘文館、一九八五年）
『可能性としての女帝―女帝と王権・国家10―』（青木書店、一九九九年）
『日本古代王権の研究』（吉川弘文館、二〇〇六年）
『古代天皇家の婚姻戦略』（吉川弘文館、二〇一二年）
『日本古代の王権』（敬文舎、二〇一三年）

敗者の日本史4
古代日本の勝者と敗者
二〇一四年（平成二十六）十月一日　第一刷発行
著　者　荒《あら》木《き》敏《とし》夫《お》
発行者　吉　川　道　郎
発行所　株式会社　吉川弘文館
郵便番号一一三―〇〇三三
東京都文京区本郷七丁目二番八号
電話〇三―三八一三―九一五一〈代表〉
振替口座〇〇一〇〇―五―二四四
http://www.yoshikawa-k.co.jp/
印刷＝株式会社　三秀舎
製本＝誠製本株式会社
装幀＝清水良洋・渡邉雄哉

ISBN978-4-642-06450-7

敗者の日本史

刊行にあたって

現代日本は経済的な格差が大きくなり、勝ち組と負け組がはっきりとした社会になったといわれ、格差是正は政治の喫緊の課題として声高に叫ばれています。

しかし、歴史をみていくと、その尺度は異なるものの、どの時代にも政争や戦乱、個対個などのさまざまな場面で、いずれ勝者と敗者となる者たちがしのぎを削っていました。歴史の結果からは、ややもすると勝者は時代を切り開く力を飛躍的に伸ばし、敗者は旧体制を背負っていたがために必然的に敗れさった、という二項対立的な見方がなされることがあります。はたして歴史の実際は、そのように善悪・明暗・正反というように対置されるのでしょうか。敗者は旧態依然とした体質が問題とされますが、彼らには勝利への展望はなかったのでしょうか。敗者にも時代への適応を図り、質的変換への懸命な努力があったはずです。現在から振り返り導き出された敗因ではなく、多様な選択肢が消去されたための敗北として捉えることはできないでしょうか。最終的には敗者となったにせよ、敗者の教訓からは、歴史の「必然」だけではなく、これまでの歴史の見方とは違う、豊かな歴史像を描き出すことで、歴史の面白さを伝えることができると考えています。

また、敗北を境として勝者の政治や社会に、敗者の果たした意義や価値観などが変化しながらも受け継がれていくことがあったと思われます。それがどのようなものであるのかを明らかにし、勝者の歴史像にはみられない日本史の姿を、本シリーズでは描いていきたいと存じます。

二〇一二年九月

吉川弘文館

敗者の日本史

①大化改新と蘇我氏　遠山美都男著　二六〇〇円
②奈良朝の政変と道鏡　瀧浪貞子著　二六〇〇円
③摂関政治と菅原道真　今　正秀著　二六〇〇円
④古代日本の勝者と敗者　荒木敏夫著　二六〇〇円
⑤治承・寿永の内乱と平氏　元木泰雄著　二六〇〇円
⑥承久の乱と後鳥羽院　関　幸彦著　二六〇〇円
⑦鎌倉幕府滅亡と北条氏一族　秋山哲雄著　二六〇〇円
⑧享徳の乱と太田道灌　山田邦明著　（次回配本）
⑨長篠合戦と武田勝頼　平山　優著　二六〇〇円
⑩小田原合戦と北条氏　黒田基樹著　二六〇〇円
⑪中世日本の勝者と敗者　鍛代敏雄著　二六〇〇円
⑫関ヶ原合戦と石田三成　矢部健太郎著　二六〇〇円
⑬大坂の陣と豊臣秀頼　曽根勇二著　二六〇〇円
⑭島原の乱とキリシタン　五野井隆史著　二六〇〇円
⑮赤穂事件と四十六士　山本博文著　二六〇〇円
⑯近世日本の勝者と敗者　大石　学著
⑰箱館戦争と榎本武揚　樋口雄彦著　二六〇〇円
⑱西南戦争と西郷隆盛　落合弘樹著　二六〇〇円
⑲二・二六事件と青年将校　筒井清忠著　二六〇〇円
⑳ポツダム宣言と軍国日本　古川隆久著　二六〇〇円

※書名は変更される場合がございます。

（価格は税別）　吉川弘文館